RAPA NUI - Die Osterinsel

von Friedrich Hellmich

Verlag Gabriele Lechner

E Haere mai ki au, e
Whakarongo ki taku reo, e
Hoatu i taku ringa
Gabi

Die Deutsche Bibliothek -CIP Einheitsaufnahme

Hellmich, Friedrich:
Rapa Nui, die Osterinsel / Friedrich Hellmich.-München:
Lechner 1994
ISBN 9-926858-50-8

1. Auflage 1994

Umschlaggestaltung: Frank Ackermann, München
Illustrationen: Willi Gründl, Friedrich Hellmich
Fotos: Friedrich Hellmich
Satz: Commodore Amiga 2000
Druck: WB-Druck, Rieden
ISBN 3-926858-50-8

Inhaltsverzeichnis

Rapa Nui

Die Vögel sprachen zu mir - kurz vor Sonnenaufgang. Ich schlief noch und dennoch spürte ich den neuen Tag. In das Vogelgezwitscher mischten sich Stimmen. Ein Raunen, das ich nicht verstehen konnte, so sehr ich mich auch anstrengte. Dies dauerte nur einige Sekunden, dann hatte ich die Schwelle vom Schlaf zum Erwachen überschritten. Das Gemurmel der Vogelstimmen verschwand so plötzlich, wie es in meinen Halbschlaf gedrungen war. Ich lag wach in meinem Bett. Durch das kleine Fenster in meinem Zimmer sah ich die Sonne auf der Osterinsel blutrot am Horizont aufgehen.

Seit meiner Kindheit träumte ich von der Osterinsel. Ich verschlang das Buch "Aku Aku" von Thor Heyerdahl, der eine Expedition 1955 bis 1956 auf der Osterinsel leitete und anschließend niederschrieb. Ich fertigte in meinen Schulheften Zeichnungen von den sagenumwobenen Steinriesen an und später, als ich für verschiedene Magazine Illustrationen anfertigte, baute ich die Statuen immer dort ein, wo es nur möglich war. Nie ließ mich die ferne, polynesische Insel im Südpazifik wirklich los. Und jetzt war mein Traum Wirklichkeit geworden. Vor einigen Tagen landete ich auf dem Flughafen von Hanga Roa. Es war drei Uhr morgens. Die Nacht war kalt, jedoch der Himmel sternenübersät. Ich kam von Tahiti und mußte am Zoll die chilenische Einreiseformalitäten über mich ergehen lassen.

Hier auf der Osterinsel schreibt man jetzt das Jahr 13. n. F. das heißt: Dreizehn Jahre nach Flughafenerrichtung. Die Einrichtung einer Flugverbindung nach Santiago oder

Tahiti durchbrach die Isolierung der kleinen Insel. Gegenwärtig fliegt die nationale Fluggesellschaft LanChile die Insel wöchentlich viermal an, jeweils auf dem Hin- und Rückweg der Route nach Tahiti und Fidschi.

Noch war es nicht hell auf der Insel, als ich neben Maria Hey in einem Jeep über die unbefestigten Straßen der kleinen Stadt Hanga Roa fuhr. Die Straßen waren unbeleuchtet. Eine kühle, feuchte Luft lag auf den Bäumen und in den Sträuchern. Schattenhaft zogen die wellblechbedeckten Häuser vorbei. Hinter einigen Fenstern sah man ein schwaches Licht. Kein Mensch war um diese Uhrzeit auf der Straße. Links fuhren wir an der Kirche vorbei. Dunkel stand sie auf einer Anhöhe. Hanga Roa, der Hauptort der Insel, ist am Tage genauso verschlafen wie in der Nacht. Hier leben zur Zeit etwa 2700 Menschen. Maria Hey wohnt mit ihrem Mann etwas außerhalb der Stadt in einem kleinen Holzhaus mit einem großen Garten. Ihre Kinder haben schon vor einigen Jahren nach und nach die Insel verlassen, um auf dem Festland ein eigenes Leben aufzubauen. Der Jeep schaukelte über die unbefestigten Straßen. Aus der Dunkelheit tauchte ein Reiter, in einen Poncho gewickelt, auf. Schemenhaft glitt er an mir vorüber, bevor ihn die Nacht wieder verschluckte.

In Tahiti hatte ich von einem Freund die Adresse von Maria bekommen. Als ich den genauen Ankunftstermin auf Rapa Nui wußte, telefonierte ich mit Maria und ließ mir ein Zimmer in ihrem Haus reservieren. Sie versprach mir, mich mit einem großen weißen Schild, auf dem ihr Name stehen sollte, am Flughafen abzuholen. Maria war pünktlich zur Stelle. Nun saß ich auf dem Rücksitz ihres alten Jeeps und wurde mächtig durchgerüttelt. Schnell entfernten wir uns vom Flughafen, an dem noch viele Einheimische standen um einige Neuankömmlinge aufzugabeln. Der Kampf um die Touristen ist groß, denn nur wenige verirren sich auf die Insel.

Die Einwohner teilen sich die Insel mit 13000 Schafen, 6000 freilebenden Pferden, 2000 Rindern, und eben jenen Kolossen, die die Insel so berühmt gemacht haben. Wir bogen in eine noch engere und ausgewaschene Straße ein. Von weitem konnte ich das Meer rauschen hören. Die Brandung schlug an die Steilküste. Die Luft roch nach Salz, Algen und feuchter Erde. Am Ende der Straße tauchte ein Haus auf. Vor dem blau gestrichenen Gartenzaun hielten wir. Die Eingangstüre war mit einem schwachen Licht beleuchtet. Grobe Natursteine, in den Rasen eingelegt, wiesen mir den Weg. Maria trug meine Kameraausrüstung und ich den schweren Rucksack. Sie zeigte mir mein Zimmer mit einem kleinen Fenster zum Garten hinaus. Als Maria sich dezent zurückzog, legte ich mich auf das Bett. Draußen wandelte sich das Schwarz der Nacht. Ein Silberstreifen tauchte am Horizont auf und kündigte den baldigen Sonnenaufgang an. Mein erster Tag auf der Osterinsel brach an. Die Vögel begrüßten ihn.

Warum Osterinsel?

Der holländische Admiral Jacob Roggeveen entdeckte am Ostersonntag des Jahres 1722 eine kleine Insel im Südpazifik und nannte sie ohne jegliche Kreativität: Osterinsel. Nirgendwo auf der ganzen Welt gibt es einen einsameren

Fleck Erde als die Osterinsel. Ihre Einwohner nennen sie liebevoll *"Rapa Nui"*, was soviel bedeutet, wie *"großes Land"*. Die Insel liegt 3700 Kilometer westlich von Chile und 4050 Kilometer von der Südseeinsel Tahiti entfernt. Nirgendwo existieren noch soviel ungelöste Geheimnisse und nirgendwo sind sich alle Archäologen über ihre Theorien so uneinig, wie über diese kleine Insel.

Als Chile Rapa Nui 1888 annektierte, löste dies bei den Bewohnern der Insel eine starke Protestwelle aus. Seit der Annexion wird die Insel spanisch *"Isla de Pascua"* genannt. Die Abstammung der Einheimischen ist noch immer ungeklärt, jedoch fühlen sie sich mehr zur polynesischen als zur südamerikanischen Mentalität hingezogen.

Die Osterinsel ist keine Palmeninsel mit langen, weißen Sandstränden, vielmehr fällt sie, nahezu abweisend, steil in das ringsum tosende Meer ab. Sie wurde in erdgeschichtlicher Jungzeit durch unterseeische Vulkanausbrüche im Ostpazifik aus dem Meer geboren. Drei Vulkaninseln schmolzen mit ihrem Magma die Insel zu einem nahezu gleichschenkligen Dreieck, mit einer Oberfläche von 117 Quadratkilometern, zusammen.

Ein Vulkankegel erstreckt sich bis zu 590 Meter hoch. Regenwasser sammelt sich in den Kratern - diese sind die einzigen Süßwasservorräte der ganzen Insel. Quellen und Bäche gibt es nicht. Der Tuff und die poröse Struktur der Vulkaninsel verschlucken spurlos das Regenwasser. Die etwa 2700 Bewohner ringen dem Boden bescheiden einige Süßkartoffeln und Yamswurzeln ab.

Eine kleine, kahle, karge Welt? Nicht immer. Die Moai, die Statuen aus Lavagestein wahren ihr Geheimnis. Still und mächtig stehen die noch verbliebenen Kolosse an den Steilküsten der Insel.

So stützt sich die Entstehung und Besiedlung der Insel auf Mythen und mündliche Überlieferungen der Einheimischen. Zweifellos sind diese Überlieferungen von hohem geschichtlichen Wert, jedoch müssen die Übertreibungen und subjektiven Deutungen der Erzähler berücksichtigt werden. Die im Laufe der Zeit auftretenden Abweichungen werden durch negative Ereignisse wie zum

Typisches Haus der Einwohner auf Hanga Roa.

Beispiel den Sklavenhandel, verzerrt wiedergegeben. Die meisten Sklaven verstarben im Ausland und die wenigen, die das Glück hatten, zurückzukehren, schleppten Pocken und andere tödliche Krankheiten ein. Die darauffolgenden Epidemien reduzierten die Gesamtzahl der Insulaner auf etwa 50 Einwohner. So konnten die Überlieferungen nur von einem gepeinigten und stark reduziertem Volke weitergegeben werden.

Etwa im 13. bis 14. Jahrhundert lebte auf einer Zentral-polynesischen Insel mit dem Namen *"Maori Nuinui"* ein Volk, das von seinem König *"Taane Aroi"* regiert wurde. Kurz vor seinem Ableben übertrug der König die gesamte Verantwortung des Volkes und der Insel seinem Sohn *"Hotu Matua"*. Nach einem Bruderstreit auf der Insel wurde die unterlegene Partei Hotu Matuas zur Auswanderung über See gezwungen. Doch alle Inseln in der Umgebung waren bereits schon bewohnt und boten den Flüchtlingen keinen Lebensraum.

Eines Nachts erschien der Stammesgott *"Makemake"* dem Priester *"Hau Maka"* im Traum und verwies ihn auf eine ferne Insel. Dieser Traum schilderte die Insel detailgetreu und in wirklichkeitsnaher Form. Hotu Matua blieb nichts anderes übrig, als den Schilderungen seines Priesters zu folgen. Mit 300 auserwählten Männern und Frauen brach der König zur Übersiedlung auf. Er verwendete dabei zwei große Doppelrumpfboote, die einem Katamaran ähnlich, mit Masten, Segeln und großen Decks ausgerüstet sind.

Die Masten und Planken waren aus Holz, die Segel aus Pandus-Blätter und das Tauwerk aus gekauten Tierdärmen. Die Navigation beruhte nur auf Kenntnissen der Gestirne, des Windes und der Meeresströmung. Dennoch kam das auserlesene Volk Hotu Matuas auf der sagenhaften Insel an und landete mit seinen zwei Schiffen in der Bucht von *"Anakena"*. Nach der Ankunft zerlegten sie ihre Boote in Einzelteile, um Häuser und Bedachungen zu bauen. Hotu Matua übergab jedem einen Anteil an mitgebrachten Pflanzen und Haustieren. So wurde die Insel nach vielen entbehrungsreichen Jahren fruchtbar gemacht.

Als Hotu Matua sein Lebensende nahen fühlte, rief er seine vier Söhne zu sich und teilte die Insel unter ihnen auf. Nachdem er noch ein letztes Mal zu seinem Volk gesprochen hatte, brach er auf und wanderte den steilen Weg zum *"Orongo Krater"* hinauf. Er blickte über die Insel und auf das weite Meer hinaus und verstarb.

Hier endet vorläufig die geschichtliche Überlieferung über die Besiedlung der Insel Rapa Nui. Unklar ist dennoch, ob Hotu Matua bei seiner Ankunft schon Einwohner auf der Insel angetroffen hatte.

Die Moai (Kopfstatuen)

Etwa um 1100 bis 1680 entstanden die Hauptwerke der Steinmetzkunst Rapa Nuis. Die *"Moai" (Moa = Riese)* wurden aus dem Vulkanfelsgestein geschaffen. Keine andere Insel im Südpazifik konnte mit dieser enormen und geheimnisvollen Steinmetzkunst aufwarten. Die Moai wurden alle überlebensgroß, aber in unterschiedlicher Größe hergestellt.

Im Steinbruch *"Rano Raraku"* liegt zum Beispiel ein Gigant von 21 Meter Länge, der noch am Hauptfelsen festgewachsen ist und 135 Tonnen wiegt. Im Laufe der

Jahrzehnte wurden die Moai immer größer erbaut und erreichten am Ende der Epoche eine Höhe von über zwanzig Meter.

Derzeit sind 638 Statuen auf der Insel registriert und numeriert. Nahezu ein Drittel aller Moai liegen noch unfertig in dem Steinbruch. Sie befinden sich in allen Stadien der Steinmetzkunst. Noch nicht losgelöst vom Vulkangestein scheinen sie auf das Erwachen zu warten.

Hundert weitere Statuen stehen am Fuße des Vulkans und sind im Laufe der Zeit durch Regengüsse, Wind und Grasbewuchs fast zugedeckt worden. Sie waren dort für die Feinbearbeitung und anschließende Beförderung hergerichtet, aber niemand hat sie abgeholt. Mehr als 20 Statuen säumen die *"Camino de los Moai"* - die Straße der Moai, ein Schleppweg, der vom Steinbruch zur Küste hinführt. Die Herstellung der Statuen im Rano Raraku-Steinbruch ist ohne Schwierigkeiten nachvollziehbar.

Die Steinmetze schlugen die Riesen mit harten Schlagsteinen aus dem Tuff heraus, polierten sie an Ort und Stelle mit Schmirgelsteinen (bis auf den Rücken, mit dem der Koloß, wie auf einem Kiel liegend, bis zuletzt mit dem Fels verbunden blieb). Stießen die Bildhauer auf einen harten Einschluß im Fels, so machten sie aus einem Moai einfach zwei oder drei.

Zuletzt trennten sie den Rückenkiel und mit einem starken Seil zogen sie die Statue bis zum Abhang. Anschließend ließen sie den schweren Steinriesen bis zum Fuße des Rano Raraku im weichen, dichten Gras hinuntergleiten. Dort

"Camino de los Moai". Ein Schleppweg vom Steinbruch zur Küste.

wurde der Rücken gerade gemeißelt, so daß man keinerlei Ansatz mehr erkennen konnte. Jetzt waren sie zum Transport bereit. Vermutlich zog man diese Kolosse mit einem Seil quer über die Insel, um sie am Bestimmungsort aufzustellen.

Sie befinden sich manchmal mehr als 20 Kilometer vom Steinbruch des Vulkans entfernt, in dem sie entstanden sind. Nach Aussagen und fester Überzeugung der Insulaner bewegten sich die Moai einst aus eigener Kraft und aufrecht gehend vom Vulkan-Steinbruch zu ihren bestimmten Standplätzen. Dieser Behauptung entgegneten die Wissenschaftler mit einem Experiment. Sie befestigten Seile an Kopf und Rumpf eines stehenden Moai. Mehrere Männer ergriffen dann die Seile und versetzten den Koloß durch abwechselndes Ziehen und Nachgeben, wie bei einer

Schaukel, ins Schwanken. Zogen sie den Steinriesen zusätzlich noch schräg nach vorne, vollführte der Moai jeweils eine leichte Drehung.

Man kann diese Taktik mit einer torkelnden Flasche vergleichen. Je länger die Produktion der Moai dauerte, desto größer wurden sie. Aber fast alle weisen den typischen Gesichtsausdruck auf. Der Moai ist ein männliches Rumpfbild mit überproportioniertem Kopf. Der lange und schmale Nasenrücken endet in einer deutlich vorspringenden Spitze, deren Nasenflügel sich dreieckförmig gegen die Oberlippe senken. Dünne Lippen ragen aus dem vorgeschobenen Mund. Darunter dominiert ein gewaltiges Kinn mit kantigen Konturen. Bei den Statuen fehlt der Hinterkopf. Ein kurzer, kräftiger Hals leitet zum Oberkörper über.
Die Ärmchen und Händchen sind verkümmert und treffen sich auf dem Unterbauch. Ihre Ohren sind lang. Sie beginnen an der Schläfe und hängen bis zur Mundpartie hinab. Die Statuen beim Steinbruch sind noch blind, erst auf dem *"Ahu"* wurden ihnen die Augen geöffnet und eingesetzt.

Der Augapfel bestand aus weißem Korallengestein und die Pupille aus roter Gesteinslava. Am Ziel ihrer Reise wurden die Moai in unterschiedlicher Anzahl auf Steinaltäre, den *"Ahus"*, mit dem Rücken zum Meer gesetzt.

Das Geheimnis der Moai steigert noch die Intensität, mit der sie auf den Betrachter wirken. Es ist vor allen Dingen ihre Beziehungslosigkeit, mit der sie auch heute noch unter der Bevölkerung, ohne erkennbaren Zusammenhang, stehen.

Ein "Moai" in seiner typischen Haltung.

Die Ahus (Altarsockel)

Rings um die Insel standen die Statuen auf den jeweiligen *"Ahus"* - der Steinplattform, für die sie bestimmt waren. Derzeit gibt es noch 120 Ahus auf der gesamten Küstenlinie. Diese Steinplattformen wurden von den Steinmetzen mit bewundernswerter Präzision erschaffen, obwohl zur Herstellung der Bauteile nur Werkzeuge aus Stein zur Verfügung standen. Die einzeln gemeißelten Steinblöcke wurden sauber aneinandergepaßt und zu einem Art Altar errichtet.

Selbst heute kann man in manche Fugen noch keine Messerklinge stoßen. Auf diese Plattformen stellten die Einheimischen damals die riesigen Kolosse. Nach dem Transport vom Steinbruch stand den Bildhauern noch eine der schwierigsten Arbeiten bevor. Die riesigen Steinkolosse mußten am Bestimmungsort auf die bereits fertiggestellte Altarplattform gestellt werden. Dies konnte nur mit einfachsten Mittel geschehen. Heyerdahl hatte den Versuch, einen 25 Tonnen schweren Moai auf sein Podest zu hieven, 1955 bei seiner Inselexpedition unternommen.

Zwölf Männern gelang es, den Steinkoloß in 18 Arbeitstagen auf seinen ehemaligen Standplatz zu heben und aufzurichten. Als Hilfsmittel verwendeten sie lediglich zwei kräftige Hebebäume und eine Anzahl kleiner und großer Steine. Etwa zehn Helfer hoben durch ihr Körpergewicht und durch die Hebelkraft der Baumstämme den Moai um wenige Zentimeter an, während die anderen Helfer kleine Kieselsteine in die entstandenen Hohlräume schoben.

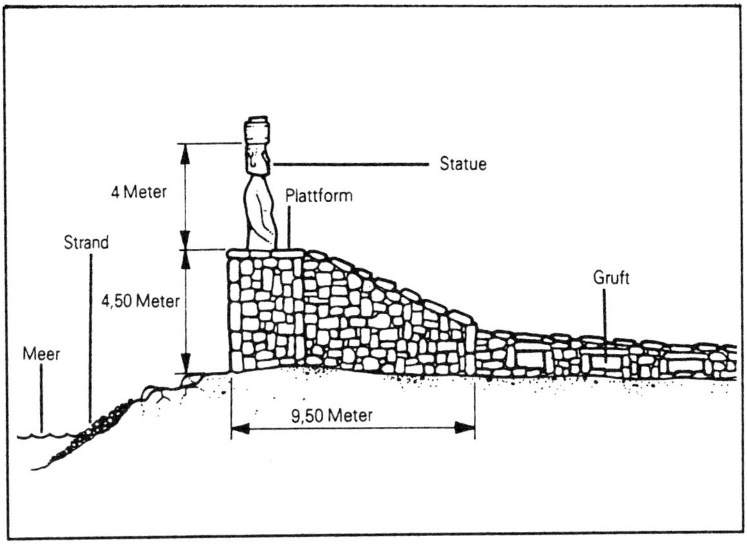

Eine Ahu-Anlage mit Moai

Später wurden die kleinen Steine gegen größere ausgetauscht. Stein für Stein wuchs der liegende Moai in die Höhe. Nach zehn Tagen befand sich die Konstruktion auf gleicher Höhe wie die Ahu-Plattform. Jetzt wurde die Hebelkraft auf den Kopfbereich des Riesen verlagert.

Mit größter Vorsicht, mit Halteseilen und Holzstützen als Balance, wurde der Moai Stück für Stück aufgerichtet, bis er schließlich auf seine vorgegebene Standfläche kippte und die senkrechte Stellung erreichte.

Leider streckte ein Seebeben, von Südamerika kommend, 1960 die meisten Moai auf ihren Plattformen nieder. Dennoch richteten spätere Expeditionen weitere Moai auf. Heute blicken wieder steinerne Riesen - aufrecht stehend - als stumme Zeugen, die Osterinsel an.

Pukao (Haarschopf)

Die Urbevölkerung der Osterinsel hatten damals vorwiegend "rotes", oder zumindest in der Sonne rötlich schimmerndes Haar. Der früheren Mode entsprach es, das Haar lang zu tragen oder zu einem Knoten zusammenzubinden. Die Einheimischen nannten den Haarknoten *"Pukao-Scheitelknoten"*. Diese Haarknoten trifft man auch bei den Steinskulpturen an.

Um die gewünschte rote Farbe zu erhalten, schlug man die Pukao aus der rötlichen Gesteinsschlacke des *"Puna Pau-Kraters",* 12 Kilometer entfernt von den Steinbrüchen des Rano Raraku. Noch heute findet man im Bereich des Puna Pau-Kraters viele rote Steinknoten. Sie wurden nicht

Ein roter "Pukao" liegt vor dem "Ahu".

mehr abtransportiert. Den größten Haarschopf schätzt man auf etwa 20 Tonnen. Eine andere Theorie besagt, daß diese Knoten stilisierte Federkronen der Könige sein könnten.

Nachdem die Moai aus dem Vulkangestein gemeißelt worden sind, ans ferne Meeresufer transportiert und auf die Ahus gestellt wurden, setzte man ihnen nachträglich die schweren Haarknoten auf. Das Aufsetzen der Pukao erfolgte wahrscheinlich in der gleichen einfachen Art, wie das Errichten der Moai. Hat der Steinriese seine extreme Schräglage (fast senkrecht) erreicht, konnte man den bis zu 4 Tonnen schweren Zylinder entsprechend hochziehen und aufsetzen. Anschließend wurde er mit Seilen und Stangen genau auf dem Kopf der Statue ausgerichtet.

Was geschah auf der Osterinsel?

Wer schuf diese kolossalen Statuen und die steinernen Plattformen? Der Überlieferung nach gab es zwei Völker auf der Insel. Die eine Kaste durchbohrte ihre Ohrläppchen und zog sie mittels eines schweren Gewichtes in die Länge. Sie wurden in der Rapa-Nui-Sprache *"Hanau Eepe"*, die Langohren genannt. Die anderen Einwohner hießen *"Hanau Momoko"*, die Kurzohren.

Die Überlieferung ist sich nicht einig darüber, ob die Langohren früher, oder zur selben Zeit wie Hotu Matua die Osterinsel besiedelten. Man weiß auch nicht, kamen sie von Asien, Polynesien oder Südamerika. Höchstwahrscheinlich trafen sie jedoch früher als die polynesischen

Einwanderer auf der Insel ein. Das Volk der Langohren errichtete Statuen und Altarplattformen. Als dann weitere Besiedler kamen, gebot ihnen der Bevölkerungszuwachs, den Statuen-Kult zu vergrößern und zu erweitern.

Sie nahmen die Siedler auf und gaben ihnen Land zur Bebauung. Dafür verlangten sie im Laufe der Zeit direkte oder indirekte Hilfestellung für die Errichtung der Moai. Durch diesen Zuwachs an Arbeitskraft wurden die Statuen der Langohren immer größer. Die Kurzohren leisteten zunächst die Arbeit bereitwillig, um die gemeinsame Lebensexistenz zu sichern. Jedoch verlangten die Langohren immer größere Statuen, sodaß für die eigene Feldarbeit fast keine Zeit mehr blieb.

Außerdem wurde die Versorgungslage immer schwieriger. Die Insel konnte dem Lebensanspruch der Überbevölkerung nicht mehr gerecht werden. Zu den Statuenarbeiten verlangten nun die Langohren, daß die Kurzohren die Insel von den unzählig herumliegenden Lavasteinbrocken befreien sollten. Sie zwangen die Kurzohren zur Säuberung der Insel, indem die Lavasteine aufgelesen, zusammengetragen und in das Meer geworfen werden sollten, um neues Ackerland zu gewinnen. Diese andauernden Zwangsarbeiten veranlaßten die Kurzohren zu einem Aufstand.

Es kam zu gewalttätigen Auseinandersetzungen, bei denen die Langohren auf die *"Poike- Halbinsel"* im Westen flohen. Da sie auf dieser Halbinsel nichts zu essen hatten, mußten sie früher oder später handeln. Unter dem Kommando ihres Anführers Iko hoben die Hanau Eepe am Fuße der Halbinsel Poike einen Graben aus, der sich von der Nordküste bis zur Südküste hinzog. Den Graben füllten sie mit allem Brennmaterial, das sie auftreiben konnten. Die Kurzohren sollten auf die Halbinsel gelockt werden, während die Langohren sie verließen. Von außen wollten sie dann den Graben anzünden und die Kurzohren, so in die Enge gedrängt, vernichten.

Doch es kam anders. Die Frau eines Hanau Eepe, die aus dem Volk der Kurzohren stammte, erzählte den Kurzohren das Vorhaben der Langohren. Sie beschrieb den Hanau Momoko einen verborgenen Weg, um ungesehen auf die Halbinsel zu gelangen. Sie nahmen unbemerkt im Rücken der Feinde Aufstellung. Einige Kurzohren blieben jedoch auf der anderen Seite des Grabens und machten einen Scheinangriff.

Die Langohren meinten, die Stunde des Angriffs sei gekommen und zündeten den Graben an. In diesem Augenblick stürmten die im Hinterhalt verborgenen Kurzohren auf die Langohren ein. Der darauffolgende Kampf war blutig und grausam. Alle Langohren fanden den Tod im Graben und verbrannten. Nachdem sie zu brennen aufgehört hatten, deckten die Kurzohren den Graben mit Erde zu. Jetzt waren sie die alleinigen Herrscher der Insel.

Gleich am nächsten Tag machten sich die Kurzohren an das Werk, um ihren Sieg nach außen hin zu dokumentieren. Sie stürzten die Moai von ihren Plattformen. Mit dem Gesicht voraus, so daß beim Aufprall das Genick der Steinkolosse brach. Die Macht, das *"Mana"* konnte entweichen. Jedoch wurden sie der Arbeit bald müde. Sie stürzten nicht alle

Moai von ihren Sockel. Das künstlerische Schaffen auf Rapa Nui erreichte nun eine Periode, die nur aus Holzkunstwerken bestand.

Am Ende des 18. Jahrhunderts standen die Statuen noch auf ihren Plattformen. 12 Jahre später stellte eine Expedition fest, daß im Süden der Insel mehrere Moai umgestürzt waren. Im Jahre 1815 wurden die Statuen in der Bucht von Hanga Roa umgestürzt. 1837 beobachtete ein Schiff die Statuen von Tahai. Alle Vier Moai standen auf ihren Ahus an der Küste. Als sich 1866 Missionare auf der

An der gesamten Küstenlinie der Insel liegen umgestürzte Moai.

Insel niederließen, befand sich keine einzige Statue mehr auf ihrem Podest. Was war im Laufe dieser Jahre geschehen?

Die Überlieferungen erzählen von zahlreichen Kriegen und Kämpfen unter der Bevölkerung. Der jeweilige Sieger demonstrierte seine Macht, indem er die Moai zum Umsturz brachte und demütigte damit die Unterlegenen. Familienstreitigkeiten reichten aus, um einen Moai, der in der Nähe der Famile stand, in einer Nacht-und-Nebelaktion zum Umstürzen zu bringen. Diese Konflikte wurden die "Kriege des Umstürzens" genannt.

Wanderung über die Insel

Jeder Bewohner von Rapa Nui hat einen *"Aku Aku"*. Dieser Aku Aku ist ein persönlicher Schutzgeist, der über das Gewissen des einzelnen entscheidet. Führt der Betreffende ein gutes, ausgeglichenes Leben, wird er von seinem Aku Aku gut behandelt und gelobt. Neigt er aber zu üblen Taten und Bösartigkeiten, wird er gezwickt und gepeinigt.

Für ihre Ahnen und Verstorbenen haben die Einwohner eine weitere Geschichte parat: Die Geister der Verstorbenen leben in den "Vögeln" der Insel weiter. In ruhigen Zeiten sprechen sie mit den Menschen und geben ihnen Nachrichten aus dem Jenseits, aus der "anderen" Welt. Dieser Aberglaube leitet sich sicher von der Legende der *"Vogel-Männer"* ab.

Mit diesem Aberglauben und noch vielen anderen unheimlichen Geschichten hat Pater Alois aus Eichstätt bei Freising zu kämpfen. Pater Alois traf ich kurz nach Sonnenaufgang vor seiner Kirche, als er die schwere

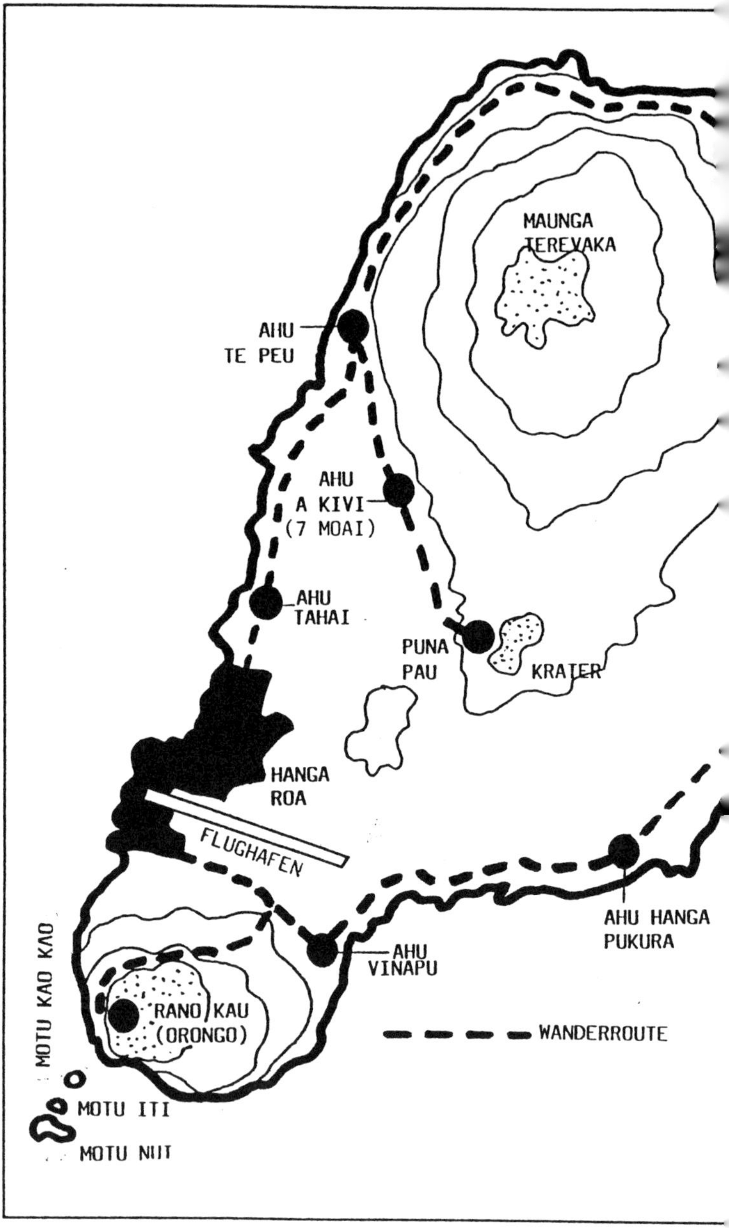
MAUNGA TEREVAKA
AHU TE PEU
AHU A KIVI (7 MOAI)
AHU TAHAI
PUNA PAU
KRATER
HANGA ROA
FLUGHAFEN
AHU VINAPU
AHU HANGA PUKURA
MOTU KAO KAO
RANO KAU (ORONGO)
WANDERROUTE
MOTU ITI
MOTU NUI

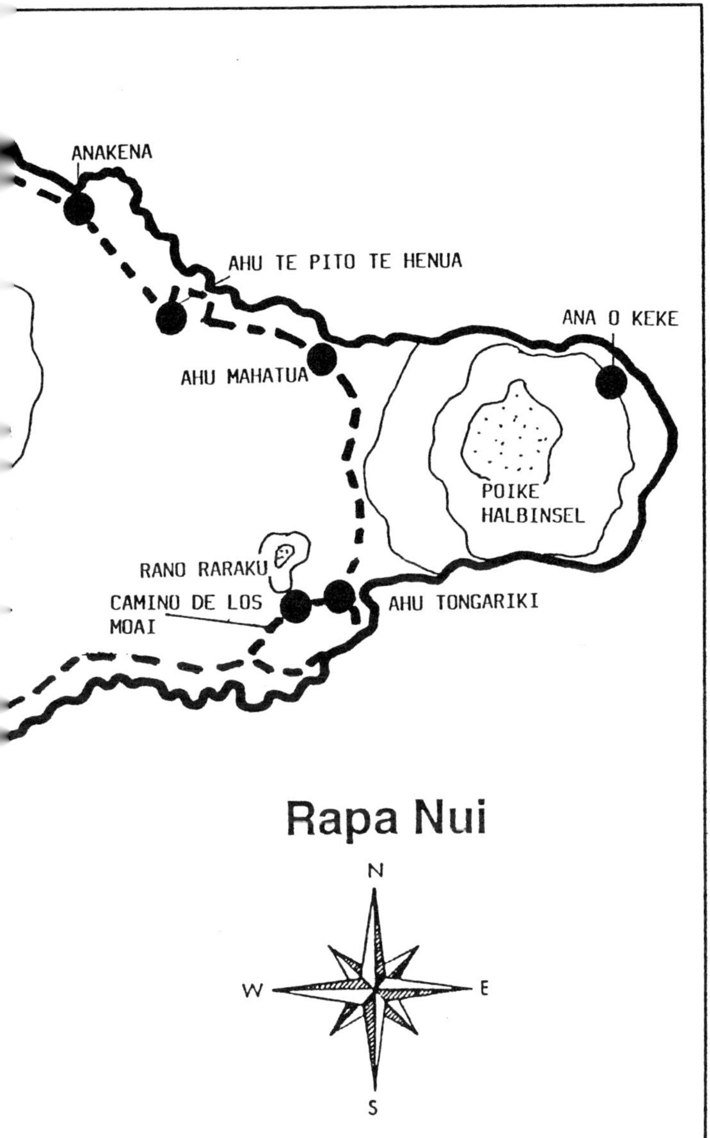
ANAKENA
AHU TE PITO TE HENUA
ANA O KEKE
AHU MAHATUA
POIKE
HALBINSEL
RANO RARAKU
CAMINO DE LOS
MOAI
AHU TONGARIKI
Rapa Nui
N
W
E
S

Holztüre aufschloß. Ich wartete auf Isabel, eine Archäologin aus Chile, die seit einem Jahr auf der Insel wohnt und die ich durch Maria kennenlernte. Mit ihr wollte ich eine archäologische Wanderung über die Insel unternehmen.

Als Pater Alois hörte, daß ich aus München bin, freute er sich sehr. Ich gewann sofort das Vertrauen des 82jährigen Mannes. Er zeigte mir seinen kleinen Gemüsegarten vor dem Haus und die Kirche, die vor wenigen Jahren von der Bevölkerung restauriert wurde. Rechts vor dem Eingang der Kirche lag das schlichte Grabmal von Pater Sebastian Englert. Dieser lebte sehr lange auf Rapa Nui und nannte sie "seine Insel".

Er war der ungekrönte König und die Eingeborenen hatten sehr viel Respekt vor ihm. Er lebte mit ihnen, übermittelte ihnen so gut wie möglich das Christentum und sprach ihre Sprache. Als er 1969, im Alter von 80 Jahren verstarb, hinterließ er in der Bevölkerung von Rapa Nui eine große Lücke.

Pater Alois versucht, das Erbe von Pater Englert so gut wie möglich weiterzuführen. Jedoch haben sich die Zeiten geändert. Alkohol, Video und Touristen sind auf die Insel gekommen. Die Ziele und Ideale der Bewohner haben sich der heutigen Zeit angepaßt. Eine schwere Zeit für das Christentum. Dennoch versteht es Pater Alois, seine Kirche jeden Sonntag und auch unter der Woche zu füllen. Die Holzschnitzereien am Altar vermischen sich mit der Kunst der Vogel-Mann-Kultur und die Kirchenlieder sind meist polynesische Volksweisen.

Die vollkommen neu restaurierte Kirche in "Hanga Roa".

Die Sonne stieg immer höher und erwärmte uns mit ihren Strahlen, als ich ein Pferd mit Reiter kommen sah. Es war Isabel, die die steile Straße zur Kirche heraufritt. Von weitem winkte sie uns zu. Vor den Kirchenstufen zügelte sie das Pferd und reichte mir ihren Rucksack und eine Landkarte der Insel.
"Guten Morgen Pater Lois, guten Morgen Friedrich,"
begrüßte uns Isabel mit einem strahlenden Lachen, das der Morgensonne gleichkam. Pater Alois nickte lächelnd und hob seine rechte Hand zum Gruß.

"Das wird ein herrlicher Tag heute, nicht zu warm und auch nicht zu kalt. Gerade richtig, um mit unserer Wanderung über die Insel zu beginnen",
sagte ich zur Isabel, während sie vom Pferd sprang. Sie nahm wieder die Zügel in die Hand und ging auf ein nahegelegenes Haus zu.

"Ich bringe nur das Pferd zu Rosa, dort kann es im Garten grasen und wird von der Familie versorgt."

Pater Alois verabschiedete sich von mir und schritt zu seinem kleinen Gemüse- und Kräutergarten hinüber. Ich machte noch einige Fotos von der Kirche bis Isabel wiederkam. Mit zwei Rucksäcken, Schlafsäcken, Zelten und der Landkarte ausgerüstet, zogen wir los.

Der Weg führte uns quer durch Hanga Roa am Marktplatz vorbei. Die Verkaufsstände wurden soeben aufgebaut. Vom Marktplatz aus führte eine gerade, ungeteerte Straße direkt zum Flugplatz. Westlich, den Flughafen umgehend, begann der schmale Pfad zum Zeremonienpunkt des *"Orongo Gebietes"*. Stetig stieg der Weg zum Krater *"Rano Kau"* an. Am Wegesrand und auf den Wiesen sahen wir einige der

Der Markt von Rapa Nui bietet nicht viel Auswahl

vielen wilden Pferde, die es auf der Insel gibt. Dann mußten wir den Weg verlassen und kamen zu einem Aussichtspunkt mit dem Namen *"Mirador"*.

Von hier aus hatten wir einen faszinierenden Einblick in den Rano Kau. Der Kraterdurchmesser beträgt mehr als einen Kilometer. Steil fallen die grasbewachsenen Hänge bis zum Kraterboden ab. Der Vulkan ist schon lange erloschen. Hier sammelt sich das gesamte Trinkwasser für die Inselbevölkerung an. Der See auf dem Kratergrund ist fast durchgehend mit einer Pflanzendecke überzogen. Wir setzten uns an den Kraterrand und genossen das Panorama.

Der Kraterrand zum Süden war eingebrochen, sodaß wir durch den Spalt das Meer am Horizont sehen konnten. Der Rano Kau liegt etwa 300 Meter über dem Meeresspiegel. Hinter uns glänzten in der Sonne, 7 Kilometer entfernt, die Dächer von Hanga Roa. Deutlich konnten wir die Rollbahn des Flughafens erkennen. Die Sonne stand nun schon hoch am Himmel. Isabel nutzte die Rast, um mir die Geschichte von *"Makemake"* zu erzählen.

Makemake (Schöpfer der Menschheit)

Wahrscheinlich war *"Makemake"* der wichtigste Gott in der Religion der Osterinsulaner. Makemake war auch bei den Neuseeländern als Gott *"Tane"* oder *"Tiki"* bekannt. Er war der Freund der Vögel, der Wälder und der Natur. Makemake gilt als Schöpfer der Menschheit. Auf einer Wanderschaft fand er eines Tages eine große Schale voller Wasser. Er vereinigte sich mit dem Wasser. Daraus entstand Leben. Doch dieses gefiel ihm nicht. Nun

Der "Rano Kau", ein erloschener Vulkan.

versuchte er eine Verbindung mit verschiedenen Elementen, zum Beispiel mit Steinen, mit Erde und Gräsern. Auf diese Weise wurden die unterschiedlichsten Menschen geboren. Diese Begattungen bilden die bekanntesten Themen der polynesischen Mythologie.

Makemake war die Idealform und der Schöpfer des Weltalls. Die Überlieferung bis in die Neuzeit ist noch klar und verständlich, jedoch hat der Kult des Makemake wenig Spuren auf der Insel hinterlassen. Nur das Fest des Vogelmannes, das ihm geweiht war, kann noch in seinen Hauptzügen wiedergegeben werden.

Doch diese Geschichte will mir Isabel erst dann erzählen, wenn wir im Gebiet des Orongo, der Vogel-Männer (Tangata Manu) angekommen sind.

Der Weg führte uns vom Krater weg. Etwa einen Kilometer weiter endete der Pfad an einer Schranke. Rechts davon stand eine kleine Holzhütte mit einem Schiebefenster. Das war die Kasse. Wir mußten erst den schlafenden Wächter wecken. Als er schlaftrunken aus der kleinen Hütte kam, erkannte er Isabel. Er rieb sich mit beiden Händen die Augen.

Mit einem breiten Lachen, das große Zähne zeigte, begrüßte er sie und gab mir die Hand.
"Ihr könnt ohne zu bezahlen hinein",
sagte er in seinem eigenen Rapa Nui Dialekt, eine Mischung aus polynesisch und Eigensprache. Dabei deutete er mit dem Daumen hinter sich.
"Vielen Dank",
antwortete Isabel.

"Hier, eine Kleinigkeit zur Erhaltung der Petroglyphen". Isabel drückte ihm einen Geldschein in die Hand. Der Einheimische öffnete die Schranke und als wir schon ein Stück gegangen waren, rief er uns noch nach:
"Mächtiger Wind heute was? Laßt euch nicht von den Klippen wehen."
Dabei entblößte er wieder seine riesigen Zähne und lachte laut über seinen makaberen Witz. Wir winkten ihm nocheinmal zu, bevor wir hinter der Wegbiegung verschwanden.

"Du mußt wissen...",
brachte Isabel nocheinmal das Thema auf,
"... die Regierung von Valparaiso in Chile tut sehr wenig für die Insel. Besonders für die Erhaltung der Statuen,

Felsmalereien und Petroglyphen haben sie gar kein Geld übrig. Da ist die Bevölkerung auf sich selbst angewiesen."

Ein Wiesenpfad führte uns zunächst auf eine Anhöhe, um sich danach in das Zeremonialzentrum des Orongo zu senken. Vor dem Eingang stand die Kopfstatue des besagten Gottes Makemake. Sein Abbild war unverkennbar. Die großen, dominierenden Augen und das runde Gesicht lassen Makemake-Abbildungen sofort erkennen.

Der Weg schlängelt sich nun am Kraterrand weiter und endet un- mittelbar auf einer Plattform. Nur wenig Platz bleibt für die Höhlenhäuser der Vogelmenschen, denn die Plattform endet schroff an einer steilen Klippe, die zum tosenden Meer hinabstürzt. In der Mitte von Orongo liegt das Höhlenhaus des Vogel-Mannes.

Ein Höhlenhaus der Vogelmenschen im "Orongo-Gebiet".

In diese Grotte zog sich der Vogel-Mann nach seiner Ernennung zurück. (Die Wissenschaftler sind sich noch nicht sicher, ob der Vogel-Mann sich nach seiner Ernennung hier im Orongo-Gebiet zurückzog, oder in Höhlen auf der Insel. Denkbar wäre der Strand von Anakena). Auf meine Frage hin, wie sich der Kult der Vogelmenschen ausdrückte, erklärte mir Isabel, dies werde sie mir heute Abend in einer ruhigen Stunde erzählen.

Mehrere Felsen umstehen den Grotteneingang, alle sind mit Petroglyphen versehen, die mit dem heiligen Ort in Verbindung stehen. Diese Abbildungen zeigen den Vogel-Mann in Verbindung mit Gott Makemake. In anderen Gesteinsbrocken sind Vulven oder Samenkörner deutlich eingemeißelt. Dies kann sicherlich dem Fruchtbarkeitsritus zugeordnet werden.

Dominierend aber sind die Zeichnungen der Vogel-Mann Figuren. Gegenübersitzend berühren sie sich fast mit ihren langen Schnäbeln. Die geneigten Körper sind menschenähnlich und deuten eine gebückte Haltung an. Die Augen treten kreisrund aus dem Kopf hervor. Die Flügel enden in menschliche Hände. 111 Felsreliefs wurden bisher von den Archäologen gezählt.

Innerhalb des Dorfes sahen wir noch weitere 53 höhlenartige Steinhäuser in Gruppen zusammen. Die Größe der Grotten beträgt etwa 7 Meter Länge und 2 Meter Breite. Die Höhle aber mit nur 1,30 Meter Höhe ist überraschend niedrig. Eingangstüren für die Steinhäuser gibt es nicht. Die einzige Öffnung ist nur ein Schlupfloch von 60 mal 60 Zentimeter und liegt der Steilküste, dem Meer zugewandt.

Darstellung eines Vogel-Mannes mit einem Ei in der Hand.

Die Grottenhäuser wurden mörtellos aufgestellt. Aufgeschichtete Steinplatten bildeten das Haus wie bei einem Iglu. Miteinander verkeilte Basaltplatten ergeben die Decke. Das Höhleninnere ist teilweise mit Felsmalerei ausgeschmückt, jedoch hat man einige bemalte Steinplatten in das Inselmuseum gebracht.

Isabel und ich stöberten in den Höhlenhäusern umher, bis die Sonne sich dem westlichen Horizont zu neigte. Wir suchten nach einer windgeschützten Stelle zwischen den Steinhäusern, mit Blick auf das Meer und stellten unsere Zelte auf. In der Abenddämmerung ließ der Wind nach. Wir saßen auf einem Felsbrocken der Klippe und blickten 300 Meter tief in das tosende Meer. In der Ferne sahen wir die drei vorgelagerten Inseln, die im Vogel-Mann Kult eine große Rolle spielten. Zuerst die winzig kleine Insel *"Motu*

Blick vom "Orongo-Gebiet": Zuerst die Insel. "Motu Kao Kao. Dann "Motu Iti" und darauffolgend "Motu Nui".

Kao Kao" mit ihrem nadelspitzen Felsen, die kleinere Insel *"Motu Iti"* (Motu = Insel, Iti = klein) und darauffolgend *"Motu Nui"* (Nui = groß).

Die Sonne hinterließ nur noch ein rotes Band am Horizont. Von Osten schlich sich die Nacht heran und bald konnten wir das Kreuz des Südens erkennen. Unsere Schlafsäcke leisteten gute Dienste gegen die Kälte. Dennoch zündeten wir uns ein Lagerfeuer an. Holz fanden wir zwischen den Steinhöhlen genügend. Die Flammen warfen gespenstische Schatten an die Steinhäuser. Gott Makemake und die Vogelmenschen tanzten im Feuerschein um uns herum.
"Jetzt..."
meinte Isabel,
"... ist die Zeit gekommen, um über die Vogelmenschen zu sprechen."

Der Vogel-Mann (Tangata Manu)

Das religiöse Fest des Vogel-Mannes und das des Gottes Makemake standen in enger Verbindung miteinander. Dieses Fest war wohl das größte auf der ganzen Insel. Hierüber liegen der Überlieferung nach genaue Einzelheiten vor. Das Fest wurde meist von einem großen Drama überschattet und beeinflußte das Leben auf der Insel sehr stark. Der Vogel-Mann wurde im jährlichen Turnus zum Priester gewählt. Er galt als Vermittler zwischen Makemake und den Menschen.

Wurde einer zum Vogelmann erhoben, hatte er die Aufgabe, die Insel zu schützen und für Frieden und Wohlstand zu sorgen. Orongo wurde deshalb zum Zentrum des Vogelmenschen-Kultes auserwählt, weil in unmittelbarer Nähe die kleinen Inseln Motu Kao Kao, Motu Iti und Motu Nui liegen. Diese Inseln sind bis heute die Zufluchtstätte von Meeresvögeln. Da die Inseln inmitten einer tosenden Brandung liegen, wurden die Vögel nie von eiersuchenden Menschen gestört.

Motu Kaokao ist vollkommen von Guano bedeckt und schimmert dadurch wie eine weiße Nadel aus dem brausenden Meer heraus. Die beiden anderen Inseln sind flacher und somit zugänglicher. Man benötigt eine günstige See und zähe Sportlichkeit um die Inseln schwimmend zu erreichen. Die Inseln tragen viele kleine Höhlen in sich. Hier konnten die Vögel ungestört brüten. Doch einmal im Jahr, im Juli, kamen viele Pilger in das Orongo Gebiet. Sie trugen Kopfschmuck aus Federn und waren bunt bemalt. In den Händen schwangen sie Paddel und sangen Lieder.

Sie versammelten sich, tanzten und frönten dem Kannibalismus, bis der entscheidende Augenblick nahte. In ein paar Tagen, spätestens in einem Monat mußten die Seeschwalben ihre Eier legen. Jetzt wurden die Teilnehmer auserwählt, die zu den vorgelagerten Inseln schwimmen durften, um das Ei der Seeschwalbe zu holen. Meist waren es Männer aus reichen Familien.

Der Titel des Vogel-Mannes war sehr begehrt, denn er gab dem Sieger die politische Macht über Rapa Nui. Die Bewerber übertrugen die Aufgabe ihrer Dienerschaft. Diese wurden mit kleinen Binsenbooten zu den Inseln geschickt. Sie mußten die im Meeresarm schwimmenden Haie überwinden und aufpassen, daß sie nicht von der Brandung an den Klippen erschlagen wurden. Kam ein Diener zu Tode, wurde sofort ein zweiter nachgeschickt.

Während der Kampf um das Ei andauerte, verbrachten die Pilger und Priester die Zeit mit Beobachtungen und Mutmaßungen, wer wohl als erster den Fund auf die Insel bringen würde. Doch noch einer konnte, dem Glauben der Einheimischen nach, die Entscheidung beeinflussen - Makemake. Wollte er nicht, daß einer zum Vogel-Mann wurde, konnte der Diener förmlich auf das Ei fallen, er sah es trotzdem nicht.

Die Sucher waren großen Entbehrungen ausgesetzt, denn manchmal mußten sie mehrere Wochen auf Motu Nui oder Motu Iti verbringen, bis ein Vogel ein Ei legte. Für diesen Fall hatten sie sich getrocknete Bananenschalen mitgenommen, um sie bei großem Hunger zu verzehren. Der erste, der das Ei fand, stieß einen langen Schrei aus, dann tauchte er das wertvolle Objekt in das Meerwasser und band es anschließend an seine Stirn. Alle paddelten oder schwammen daraufhin zurück. Der Rückweg war nicht weniger gefährlich, doch der Glaube an Makemake ließ die Schwimmer in Sicherheit wiegen.

Alle suchten die Nähe des Finders, denn dieser stand unter persönlichem Schutz des Gottes. Mit dem Ei auf der Stirn kletterte der Sieger schnell die steile Felswand von Orongo hinauf. Mit einer unterwürfigen Geste übergab er seinem Herren das Ei. Hier war die Aufgabe des Dieners beendet. Sein Herr wurde zum Vogel-Mann gekürt.

Bald darauf begann die Zeremonie. Dem Vogel-Mann wurden Haupt, Augenbrauen und Wimpern rasiert. Durch die kunstvolle Bemalung, die er am ganzen Körper erhielt, sollte er einem Vogel gleich aussehen. Im Verlauf dieser Handlung wurden Gesänge und Tänze vorgetragen. Der Vogel-Mann stellte sich vor den Priester und legte das Ei auf seine flache Hand. Er begann nun selber mit einer klagenden Stimme zu singen. Nach dem Lied stand er stolz und aufrecht da und benahm sich wahrlich wie ein Gott.

Die Pilger fingen zu tanzen an, schwangen ihre Paddel über den Köpfen und ließen ihre Körper in Trance erzittern. Anschließend wurden in großen Erdöfen (uomo) Menschenopfer dargebracht und verzehrt.

Am nächsten Tag begab sich der Vogel-Mann in eines der Höhlenhäuser oder in eine Höhle nahe am Strand von Anakena. Von diesem Zeitpunkt an war der Vogel-Mann für ein Jahr *"tabu"*. Der Heiliggesprochene mußte in völliger Abgeschiedenheit leben. Er durfte sich nicht baden oder waschen und mußte absolut keusch sein. Andernfalls drohte die Todesstrafe. Ein Diener brachte ihm täglich Speisen, die nur in einem heiliggesprochenem Ofen zubereitet wurden.

In der Zwischenzeit wurde das gefundene Ei sorgfältig ausgeblasen und in der Hütte des Vogel-Mannes aufgehängt. Das Ei wurde mit großer Verehrung bedacht, sollte es doch Reichtum und Wohlstand auf die Insel bringen.

Welche Macht der Vogel-Mann durch dieses Ei bekam, ist nicht deutlich überliefert. Zum Ausdruck kommt aber der enorme wirtschaftlicher Vorteil und die politische Macht, die er über die Insel erhielt. Bei allen Feiern bekam er das Vorrecht, seinen Teil als erster zu nehmen. Die politische Macht, die der Vogel-Mann über Rapa Nui erhielt, machten ihn oft zum Tyrannen.

Nach Ablauf des Jahres verlor das Ei seine heilige Kraft. Es wurde entweder in das Meer geworfen oder in eine kleine Felsspalte des Rano Raku-Kraters gelegt und alsbald vergessen. Juli für Juli suchten die Auserwählten nach neuen Seevögeleiern, bis in das achtzehnte Jahrhundert hinein. Durch die Christianisierung brach der Kult in sich zusammen.

Isabel hatte ihre Geschichte der Vogelmenschen erzählt. Das Feuer war weit heruntergebrannt. Wir hatten vergessen, Holz nachzulegen. Die Schatten an den Höhlenhäusern hatten sich verflüchtigt. Jetzt traten die

Sterne deutlich am Nachthimmel hervor. Das Kreuz des Südens war weitergewandert. Es stand fast senkrecht über uns. Fröstelnd krochen wir in unsere Zelte. Als der Schlafsack mich wärmte und ich kurz vor dem Einschlafen stand, dachte ich nochmal an Makemake, der die Hand schützend über Rapa Nui hält.

Am nächsten Morgen weckten mich Regentropfen, die auf mein Zeltdach fielen. Durch die Zeltwand sah ich, daß es draußen schon hell war. Ich hatte keine Lust aus meinem warmen Schlafsack zu kriechen. Der Regen wurde stärker und trommelte auf das Zelt. Das Platschen auf Steine und das Gurgeln kleiner Rinnsale ließen mich wieder schläfrig werden. Ich schlief ein.

In meinem Traum sah ich, wie ein riesiges weißes Schiff, die Segel vom Wind prall gefüllt, das Meer durchpflügte. Es war Hotu Matua. Er steuerte auf die Anakena-Bucht der Insel Rapa Nui zu. Mit einem kleinen Ruderboot wurde Hotu Matua ans Ufer gebracht. In der rechten Hand hielt er eine Schachtel, gefertigt aus Bananenblättern. Als sie anlegten, kam aus der Ferne ein Mann, buntbemalt mit Federschmuck auf seinem Haupt, auf sie zu. Sie erkannten in diesem Menschen den Gott Makemake.

Makemake sprach:
"König einer fernen Welt, wenn du und deine Gefolgsleute auf diese Insel wollen, so überreiche mir ein Geschenk."
Hotu Matua hatte aber nichts weiter dabei als den Inhalt der Schachtel. Er öffnete diese und reichte Makemake ein Seeschwalbenei. Dieser nahm das Geschenk an und sprach wieder:

"Ich danke dir für die Gabe, jedoch möchte ich ab diesem Tage, jedes Jahr zur selben Zeit ein Seeschwalbenei haben. Dann soll die Insel dir gehören."
Er drehte sich um und ging mit dem Ei in der Hand über die Klippen und verschwand. Nur das Tosen und Rauschen der Brandung rollte von den Klippen her.

Ratsch! Das Öffnen eines Reißverschlußes weckte mich aus meinem Traum. Isabel steckte vorsichtig den Kopf in mein Zelt.
"Aufstehen, der Regen hat nachgelassen und ich will endlich frühstücken."
Dabei spritzte sie mit der nassen Hand einige Tropfen Regenwasser in mein Gesicht. Ich rappelte mich benommen hoch.

"Gerade hatte ich einen eigenartigen Traum",
murmelte ich.
"Ich weiß..."
...sagte Isabel lachend.
"Hier auf der Insel hat jeder, früher oder später, eigenartige Träume."
Ich krabbelte aus meinem Schlafsack und schaute aus dem Zelt. Hanga Roa lag noch in einem Dunstschleier. Der Regen hatte aufgehört. Die Sonne durchbrach die Wolken und vom Flughafen reflektierte für einen Augenblick eine Passagiermaschine der LanChile einen Sonnenstrahl zu uns herauf. Ich war wieder in meiner Welt. Isabel entfachte unsere Feuerstelle und setzte das Kaffeewasser auf. Wenige Minuten später schlürften wir den heißen Kaffee und aßen Kekse dazu, während unsere Zelte in der Sonne trocknen konnten.

"Was machen wir heute?",
fragte ich Isabel. Sie nahm die Landkarte zur Hand, deutete mit dem Finger auf den nordöstlich von Hanga Roa eingezeichneten Moai und sagte:
"Wir wandern zur Nordküste. Zu den Ahus von *Tahai.*"

Unsere Zelte waren schnell zusammengefaltet und in den Rucksäcken verstaut. Das Plateau hatte sich bereits von der Sonne erwärmt, sodaß wir ins Schwitzen kamen. Wir verließen den heiligen Ort Orongo und mit ihm die Höhlenhäuser der Vogelmenschen. Als wir wieder an der Schranke vorbeikamen, blickten wir durch das Fenster in das Holzhäuschen. Der Wärter schlief immer noch oder schon wieder. Wir benutzten den selben schmalen Pfad, den wir gekommen waren.

Die Luft roch nach frischem, nassen Gras, das fast die ganze Insel bedeckt. Es ist ein hartes Gras und überall ragen schwarze Lavabrocken her- vor. An wenigen Stellen wachsen Büsche oder gar Bäume. Im Rahmen einer Aufforstung wurden australische Eukalypten gepflanzt und bilden bereits kleine Wälder. Am kleinen und einzigen Strand von Anakena pflanzte man importierte Palmen ein.

Die Osterinsel zählt zu den Südseeinseln und dennoch erreicht die Lufttemperatur nur 23 Grad Celsius in den Sommermonaten und fällt in den Wintermonaten auf 15 Grad Celsius. Grund für dieses Klima ist der kalte Humboldtstrom und die stete Seebrise, die ungehemmt über die Insel streichen kann. So karg auch die Insel sein mag, auf mich übte sie einen einzigartigen Reiz aus. Rapa Nui ist für mich: "Die natürliche Schönheit".

In Gesprächen versunken erreichten wir Hanga Roa. Wir durchquerten die Stadt am nördlichen Ende, an der Küste entlang. Eine Sandstraße führte uns am Friedhof der Insel vorbei. Neben einfachen Holzkreuzen dominieren Grabsteine aus dunklem Lavagestein. Nach etwa zwei Kilometer erreichten wir eine weitere Zeremonialanlage.

Die Ahus von Tahai

Vor dem Betreten der Anlage erinnert ein Gedenkstein an den amerikanischen Archäologen William Mulloy, der diese Stätte von 1968 bis 1970 restaurierte. Mulloy kam das erste Mal mit Thor Heyerdahl auf die Osterinsel. Er versuchte, sieben Statuen den zugehörenden Ahus zuzuordnen und stellte sie auch anschließend auf.

Der Ahu von "Tahai". Im Hintergrund die letzten Häuser von Hanga Roa.

Die Anlage ist durch einen Landeseinschnitt in zwei Teile geteilt. Auf dem südlichen Teil erblickten wir den großen *"Ahu Vai Uri"* mit seinen fünf riesigen Moai. Im nördlichen Teil stehen zwei kleinere Ahus mit dem Namen: *"Ahu Tahai"* und *"Ahu Ko Te Riku"*. Sie tragen nur jeweils einen Moai. Vor den Ahus erstreckt sich ein geräumiger Versammlungsplatz in der Größe von etwa 50 mal 50 Metern. Bearbeitete Lavasteine dienten hierfür als Plaster.

Dieser Vorplatz wurde auch an den Seiten und zum Meer hin mit behauenen Steinen befestigt. So glich die Anlage einem großen Versammlungsort. Am Ende des Platzes sind Stufen zum Ahu errichtet. Der Ahu von Vai Uri ist gewaltig. Er weist eine Länge von 34 Meter mal 4 Meter Breite und eine Höhe von 80 Zentimeter auf. Mörtellos aufgesetzte Steine, die sich fast fugenlos ineinander fügen. Hierauf stehen nun fünf Moai.

Die Archäologen nehmen an, so sagte mir Isabel, daß diese Moai einer früheren Entstehungsphase zugehören. Man datiert sie auf das 12. Jahrhundert. Sie tragen keinen Haarschopf und sind bereits stark verwittert. Die größte Statue ist 5 Meter hoch. Man kann sich lebhaft die Bilder vorstellen, die Pierre Loti zur Zeit seines Aufenthaltes (1872) auf Rapa Nui machte. Auf diesen Vorplätzen beschrieb er Götzenfeste und Kultfeiern. Man vermutet auch, daß hier die Toten beigesetzt wurden. Die Gebeine legten sie anschließend in eine Art Familiengruft in einer Aushöhlung des Ahus.

Als unmittelbare Nachbarn stehen die Ahus von Tahai auf ihrem Fundament. Die Statue darauf zählt zu den ältesten auf der Insel und geht bis auf das 7. Jahrhundert

Wir saßen unter einem alten, knorrigen Baum und betrachteten die Moai in der Ferne.

zurück. Der Ahu Tahai trägt nur eine stark verwitterte Moai-Statue ohne Kopfschmuck. Wir wanderten um die Ahus herum und kamen immer wieder nahe an den Klippen vorbei. Dabei endeckte ich einige große Höhlen. Ich fragte Isabel, ob diese Höhlen den damaligen Bewohnern als Unterkunft dienten. Sie verneinte meine Frage. Die Höhlen bildeten sich in der Entstehungszeit der Insel. Durch den Vulkanausbruch entwickelten sich riesige Gasblasen, die nach und nach platzten und Höhlen entstehen ließen.

Immer wieder schaute ich zu den riesigen Kolossen hinauf. Stumm, mit leeren Augenhöhlen blickten sie auf mich herab. Ich legte mich auf den Rücken vor den Plattformen und sah in den blauen Himmel über den gewaltigen Köpfen der Moai. Weiße Wolken zogen darüber hinweg. So blieb

ich eine Weile liegen, bis ich Isabel in der Ferne rufen hörte. Sie war gute hundert Meter entfernt und winkte mir zu. Ich ging zu ihr. Sie saß unter einem alten knorrigen Baum und sagte:
"Laß uns die Statuen von der Ferne ansehen. Hier haben wir sie alle im Blick."

Schweigend schauten wir noch eine Zeit lang zu den Statuen hinüber. Dann holte Isabel wieder ihre Landkarte hervor und studierte sie.
"Wir gehen nach *"Te Peu"*, eine weitere Zeremonialanlage. Es gibt einen kleinen Weg dorthin. Wir müssen immer der Küste entlang bis wir die Statuen sehen."
sagte Isabel und reichte mir die Karte. Am Maßstab der Landkarte konnte ich erkennen, daß es bis zu dieser Anlage noch ungefähr 4 Kilometer Luftline waren. Wir machten uns also auf den Weg.

Kaum konnte man den ausgetretenen Pfad erkennen. Immer wieder stolperten wir über Lavasteine, die im im Gras verborgen lagen, oder mußten Löchern ausweichen, die durch die ehemaligen Gasblasen entstanden waren. Meist verläuft der Weg an der Küstenzone in verwirrenden Windungen. Ich war froh, Isabel dabeizuhaben, die diesen Pfad schön öfter gegangen war. Für mich hätte er an der Steilküste geendet und ich hätte nicht mehr weiter gewußt.

Nach einer Stunde Wanderung tauchte vor uns ein kleines Wäldchen auf. Es gehörte zu einem Sanatorium für Leprakranke, das wir zwischen den Bäumen durchschimmern sahen. Isabel zog mich nach rechts auf einen weiteren Pfad.
"Der kleine Abstecher wird sich lohnen",

sagte sie, während wir an einem kleinen Wasserloch vorbeimarschierten. Nach etwa 100 Meter erreichten wir zwei flach aus dem Boden ragende Felsspalten. Beide waren mit Petroglyphen versehen. Auf dem größeren Felsen waren Kanus und Hähne abgebildet und auf dem kleineren die Hälfte eines großen Fisches.

Ich hatte Mühe, die Darstellungen zu erkennen. Isabel holte aus ihrem Rucksack ein Stück Kreide hervor und malte die ver- witterten Linien nach. Jetzt konnte ich die Zeichnungen erkennen.
"Der deutsche Ethnologe Barthel deutet die Petroglyphen folgendermaßen:"
erklärte mir nun Isabel.
"Die Kanus mit den Hähnen sind polynesische Kundschafterboote mit einer Besatzung aus jungen Männern. Der große Fisch soll einen Hai darstellen und steht als Symbol für das Doppelrumpf-Boot, mit dem Hotu Matua einige Zeit später die Osterinsel erreichte."
Ich war begeistert und verwundert zugleich. Überall, fast auf Schritt und Tritt, stieß man auf ungelöste Rätsel. An jeder Ecke, hinter jeder Felswand haben die Ureinwohner ihre Spuren hinterlassen.

Te Peu (die umgestürzten Moai)

Eine halbe Stunde entfernt, am Übergang vom Küstenhang zur Hochebene der Insel, sahen wir die Reste der Zeremonialstätte von *"Te Peu"*. Diese Anlage ist seit den damaligen Stammeskriegen vollkommen unverändert geblieben. Wir erreichten die Stätte und sahen verwüstete

Ahus, umgestoßene Moai, deren Köpfe vom Rumpf getrennt waren. Stumme Zeugen erbitterter Kämpfe. Jede Einzelheit trug ich genau in mein Tagebuch ein.

Eine Nacht in der Gasblase

Isabel drängte zum Aufbruch. Sie wollte noch eine nahegelegene Hütte besuchen. Freunde, wie sie sagte. Wir gingen einen steinernen Pfad entlang. Er war unwegsam und sehr beschwerlich, der Rucksack drückte auf meine Schultern. Oben, auf einer kleinen Anhöhe, sahen wir die Hütte. Als wir näher kamen, bemerkte ich, daß der Vorgarten vom Lavagestein gesäubert war. Die Hüttenbewohner hatten sich einen ansehnlichen Garten angelegt. Ich erkannte Bananenstauden, Ananas und verschiedene Gemüsesorten.

Isabel und ich mußten nicht lange warten. Die Türe der Holzhütte ging auf und eine mächtig dicke Frau begrüßte uns. Sie gab Isabel die Hand und streichelte immer wieder mit der anderen Hand über ihr Haar. Liebevoll sprach sie auf Isabel ein, wie mit einer Tochter. Sie sprachen spanisch miteinander. Plötzlich verschwand die dicke Frau in ihrer Hütte und kam nach geraumer Zeit mit einer kleinen Plastiktüte wieder heraus.
"Für heute Abend haben wir Kartoffeln, Möhren, Zwiebeln und etwas Tomaten."
sagte Isabel und nahm den Plastiksack an sich.
"Was möchtest du den heute Abend bruzzeln?"
fragte ich und spürte, daß ich schon lange nichts Ordentliches mehr gegessen hatte. Ich war nun plötzlich

riesig hungrig und gierig schielte ich auf das frische Gemüse.
"Wart' es ab,"
sagte Isabel geheimnisvoll.
"Hier, Du darfst das Gemüse tragen."

Sie reichte mir den Plastiksack. Dann ging sie zu der Frau hinüber und gab ihr ein paar Münzen.
"Komm wir gehen zur Küste zurück,"
sagte Isabel. Wir verabschiedeten uns von der Frau und stolperten über das Lavageröll den Weg zurück. Es war bereits früher Nachmittag, als wir an der Küste ankamen. Tosend schlug das Meer gegen die Klippen. Ohne zu zögern, stieg Isabel über die großen Steine an der Brandung und verschwand plötzlich. Kurz darauf ragte ihr Kopf hinter den Steinen hervor. Sie winkte mir zu, ich solle

Riesige Gasblasen bildeten Höhlen und Grotten.

nachkommen. Als ich an die Stelle kam, sah ich eine Höhle, die das Meer nicht erreichen konnte.
"Hier schlagen wir unser Nachtlager auf,"
meinte Isabel und deutete mit einer ausladenden Armbewegung zur Höhle hin. Wir legten unsere Rucksäcke in eine Nische und ich schaute mich mißtrauisch in der Höhle um, während Isabel in irgendwelchen Felsspalten nach etwas suchte.

Die Höhle war nicht sehr tief und mit Kieselsteinen ausgefüllt. Hier und da sah ich alte Feuerstellen. Draußen toste die Brandung monton gegen die Felsen. Ein Aufschrei von Isabel ließ mich jäh herumfahren.
"Ich hab sie, ich hab sie wiedergefunden,"
frohlockte Isabel und schwenkte dabei zwei Flaschen in den Händen.
"Juhu, meine Bierflaschen sind noch da. Fast alle zwei Monate komme hier an dieser Grotte mit meinem Pferd vorbei. Oft lagere ich hier Getränke ein, denn diese Höhle ist fast wie ein Hotel für mich."

Bier ist ein Luxusartikel auf der Insel. Es kann nur mit dem Flugzeug von Chile hergebracht werden und ist auch dementsprechend teuer. Vier Flaschen hatte sie zum Vorschein gebracht.
"Jetzt brauchen wir nur noch gute, feine Fische,"
meinte sie und ging zu ihrem Rucksack hinüber. Sie kramte ein wenig darin herum und brachte eine Nylonschnur zum Vorschein. Aus ihrem Geldbeutel holte sie noch einen kleinen Angelhaken. Als sie Schnur und Haken beisammen hatte, band sie das Ganze an einen etwa 1,50 Meter langen Stab.
"Komm Friedrich, ich zeige dir, wie man in einer starken

Brandung Fische fängt."
Sie zerrte mich aus der Höhle und auf die Klippen. Oben auf den Felsen befestigte sie ein Stück Brot am Haken.
"Du mußt die Schnur in das klare Wasser hängen und genau beobachten. Wenn du siehst, wie ein Fisch das Brot schnappen will, mußt du ruckartig anziehen, damit der Haken in seinem Maul festsitzt. Dann ziehe ihn sofort an Land. Ich vertraue Dir, denn ich habe großen Hunger."

Isabel gab mir die provisorische Angel. Ich hatte noch nie in meinem Leben geangelt, umso mehr fühlte ich mich von ihrem Vertrauen geehrt. Sollte jedoch ein Fisch anbeißen, was hatte ich dann zu tun? Die Frage blieb unbeantwortet.

Isabel verschwand hinter den Klippen, um im wilden Gras nach Holz für unser Lagerfeuer zu suchen. Ich glaube, auf dieser Insel nach Feuerholz zu suchen, ist fast schwieriger als das Fischefangen für einen Europäer. Ich warf die Angel aus. Die Brandung spülte schnell wieder meinen Haken an die Felsen.

Da, plötzlich sah ich einige Fische. Waren sie groß oder klein? Durch die Wasserspiegelung konnte ich die Größe nicht genau erkennen. Das Jagdfieber packte mich. Oft, und viel zu schnell zog ich die Angel ruckartig aus der Meeresbrandung. Die Fische schienen ein Spiel mit mir zu treiben. Immer wieder verfehlte der Haken das gierige Maul des Fisches und dieser schnappte nur in das kristallklare Wasser.
"Das muß doch unbefriedigend für den Fisch sein,"
dachte ich mir und warf erneut den Haken mit dem Köder aus. Mein Jagdfieber ließ nach. Doch plötzlich, ein Fisch

fraß gemütlich an meinem Brot. Ein Ruck und er zappelte bereits in der Luft.

Aufgeregt rief ich nach Isabel. Ich mußte mehrmals rufen, denn sie hörte mich wegen der Brandung nicht. Unterdessen zappelte der Fisch an der Leine. Isabel eilte herbei und nahm ihn sofort vom Haken.
"Unser Abendessen ist gesichert,"
freute sie sich,
"aber es ist noch zu wenig. Wir brauchen noch zwei Exemplare."

Ich machte mich wieder an die Arbeit. Mein Selbstvertrauen war groß, das Jagdfieber noch größer. Entweder lag es an meinem Anglerglück oder am Fischreichtum der Insel. In kaum zwanzig Minuten hatte ich zwei weitere Prachtexemplare aus dem Meer geholt.

Währenddessen richtete Isabel unseren Ofen her. Sie legte das Holz in eine Mulde und schichtete eine Menge Lavasteine darauf, gerade so viel, damit das Holz noch genügend Luft bekam. Dann zündete sie den Holzstoß an. Zur gleichen Zeit füllte sie einen Topf mit Wasser aus unseren Feldflaschen und schnitt das Gemüse hinein. Sie stellte den Topf auf die Lavasteine.

In der Zwischenzeit nahm sie die Fische aus. Es dauerte nicht lange, bis das Wasser kochte. Das Gemüse konnte garen. Als das Holz fast abgebrannt war, legte Isabel die Fische auf die heißen Lavasteine. Da die Steine porös wie ein Schwamm waren, konnten die Fische nicht am Stein ankleben. Nach kurzer Zeit waren die Fische gegrillt.

Die Fische beißen auch bei Europäern an.

Ich werde dieses herrliche Abendessen nie vergessen. Der wohlschmeckende Fisch, die Kartoffeln und Möhren, und nicht zu vergessen ein gutes, kühles chilenisches Bier dazu, beflügelten meine Gedanken und ich sprach reichlich Lobeshymnen auf dieses Paradies aus. Bei meinen überschwenglichen Ausführungen hielt sich Isabel die Ohren zu, war aber insgeheim froh, daß auch ich "ihre Insel" liebte.

Es war später Nachmittag und Isabel wollte noch einen kleinen Spaziergang hinter der Höhle machen. Ich allerdings zog es vor, auf den Klippen zu liegen, auf das Meer zu schauen und der Brandung zu lauschen. Längst hatte ich mich an das ewige Rauschen der Brandung gewöhnt. Ich schlief sehr gut in dieser Höhle. Am nächsten

Morgen packten wir unsere Sachen zusammen und traten ins Freie. Wolken waren in der Nacht aufgezogen und ein leichter Nieselregen begann. Vom Holz des Vortages machten wir uns wiederum ein Feuer und kochten uns Kaffee.

Mit vollem Bauch genoß ich die Nachmittagssonne von Rapa Nui.

Während wir unsere Kekse knabberten, erklärte mir Isabel unsere nächste Wanderroute. Ein schmaler, etwa 4 Kilometer langer, steiniger Weg, der zu den "sieben Moai" führte.

Es nieselte es immer noch, deshalb zogen wir uns Plastikjacken über. Der Pfad war gut begehbar, denn auf dem porösen Gestein konnte sich kein Wasser halten. Eine Weile schritten wir schweigend nebeneinander her. Ich sog die feuchte, kühle Luft tief in meine Lungen, sie tat mir gut. Seit dem Vorabend beschäftigte mich schon die Frage, ob die damaligen Bewohner nur große Felszeichnungen oder Petroglyphen als schriftliches Kommunikationsmittel hatten. Ich stellte die Frage an Isabel.

"Ja, ein Missionar, Bruder Eyraud berichtete in seinen Briefen von Holztafeln, die mit merkwürdigen Zeichen beschriftet waren,"
erklärte mir Isabel.
"Aber damit könnte man die Geheimnisse ihrer Vergangenheit enthüllen."
Isabel schüttelte den Kopf.
"So einfach ist das leider nicht, denn die Schrifttafeln halten eben diese Geheimnisse verborgen."

Rongorongo (Die geheimnisvollen Schrifttafeln)

Ein Missionar bekam von einem kleinen Jungen eine von Würmern zerfressene und stark verwitterte Holztafel. Diese war über und über mit Schriftzeichen bedeckt. Da der Missionar Interesse an den Schrifttafeln zeigte, wurden ihm von allen Seiten der Bevölkerung welche verkauft. Seit dieser Entdeckung versuchten die Wissenschaftler, das undurchdringlichste Rätsel der Osterinsel zu lösen.

Die Darstellungen zeigen menschliche Wesen, Fische, Vögel und geometrische Figuren. Die Schrifttafeln sind einfache Bretter, die keine bestimmte Größe aufweisen. Ganze 21 Tafeln findet man in den Museen der Welt und nach Schätzung der Archäologen sind sie nicht älter als 250 Jahre. Die ersten Missionare hatten früher jede Schrifttafel verbrannt, deren sie habhaft werden konnten. Aber einige wurden von den Eingeborenen gerettet und sollen in kleinen Höhlen versteckt sein.

Fast in jeder Hütte der Inselbewohner hing eine Rongorongo-Tafel, deren Inhalt sie aber selbst nicht mehr zu lesen vermochten. Wahrscheinlich ist die Kunst, diese Texte zu lesen, schon vor langer Zeit verlorengegangen. Die Rongorongo waren zu Ritualobjekten geworden. Doch irgendwann muß das Ritual der Textafeln begonnen haben. Die Überlieferung sagt dazu folgendes:

Es gab eine Rongorongo-Schule auf der Insel. Die Schüler waren häufig aus gutem Hause und besonders begabt. Die Disziplin in der Schule soll sehr streng gewesen sein und der König der Insel richtete ein besonderes Augenmerk auf

Lehrer und Schüler. Die Schüler mußten mit einem Vogelknochen die Überlieferung wortgetreu auf Bananenblätter einritzen. Doch dies war nur zur Übung. Sobald sie die Schrift vollkommen beherrschten, wurden die überlieferten Texte in Holztafeln eingeritzt. Der Schreiber begann immer in der linken, unteren Ecke. War die Holztafel auf einer Seite beschrieben, so drehte er sie um und begann von neuem.

Die Rongorongo-Tafeln wurden alljährlich bei einem Wettstreit vorgetragen. Diesem Treffen folgte immer ein großes Fest. Die Bewerber trugen die Texte in einem Lied vor. Der Sänger, der einen Fehler machte, wurde zum Gespött der anderen. Man war darauf bedacht, die Geschichten so gut wie möglich für die Nachwelt zu erhalten, deshalb wählte man den Gesang.

Man weiß jedoch nicht mehr, wann die Überlieferung abgebrochen wurde, welche Zäsur die Erinnerung an die Schriftzeichen auslöschte. Wahrscheinlich waren es die internen Stammeskriege oder auch die Sklavenjäger die in der ersten Hälfte des 19. Jahrhunderts auf die Insel kamen.

Der argentinische Gelehrte Jose Imbelloni versuchte aus den Gesamtschriftzeichen der Rongorongo-Tafeln, zehn auffällige Schriftzeichen zu entziffern. Er entdeckte neue Verbindungen zwischen den zehn Schriftzeichen der Osterinsel und Buchstaben aus 300 Jahre alten Inschriften Ceylons. Auch weiter im Norden Asiens, zum Beispiel in Indien und China, weisen die Schriftzeichen eine auffallende Ähnlichkeit mit den Hyroglyphen der Osterinsel auf. Vor allen Dingen ähneln sich die Schriftzeichen der

Vögel. Fast identisch sind sie in Geometrie und Kreativität. Diese aus Asien stammenden Vogelzeichnungen könnten zumindest eine Erklärung für den Vogel-Kult sein, der die Osterinsel und ganz Ozeanien beherrschte.

Wir kamen an einer Rinderfarm vorbei. Die Farmer füllten bereitwillig unsere Feldflaschen mit Wasser auf. Der Weg schlängelte sich am Fuße des größten Vulkans, dem *"Rano Aroi"*, der 384 Meter hoch ist, entlang.

Es nieselte immer noch und Nebelschwaden hingen um den Kraterrand. Schatten tauchten in der Ferne auf. Einige Reiter kamen uns entgegen und grüßten mit einer kurzen Handbewegung. Als ich mich umdrehte, bemerkte ich, wie sie auch uns neugierig nachblickten. Dann verschwanden sie im Dunst des Nieselregens.

Ausschnitt der geheimnisvollen Schriftzeichen.

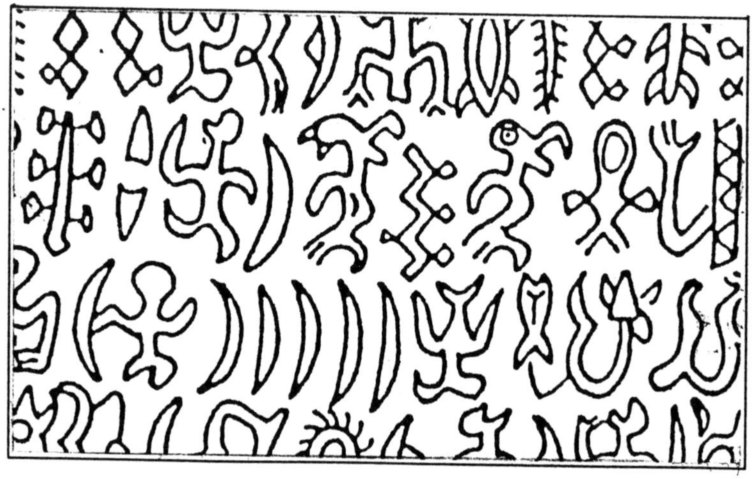

Unsere Wanderroute war nicht besonders aufregend. Monoton führte uns der Weg zur nächsten Zeremonialanlage *"Ahu A Kivi"* , der sieben Moai.

Ahu A Kivi (Die sieben Moai)

Der Archäologe Mulloy restaurierte und richtete 1960 bis 1961 die sieben niedergestürzten Moai wieder auf. Diese Statuen sind die einzigen, die im Inselinneren jemals standen. Verblüffend ist auch die Blickrichtung der Moai. Ausnahmsweise drehen sie das Gesicht dem Meer zu, sind also nicht dem Wasser abgewandt wie alle anderen Statuen.

Dennoch ist der Bezug zum Meer geschaffen, das zwischen zwei Hügeln am Horizont sichtbar ist. 33 Meter ist die Ahu-Plattform lang, und mit 2,30 Meter Breite ungewöhnlich schmal. Als wir sie näher untersuchten, erkannten wir, daß die saubere, mörtellose Fugenarbeit noch deutlich erkennbar ist. Still und stumm stehen die Moai aneinandergereiht auf ihrem Ahu und blicken auf das Meer am Horizont. Nur unschwer kann man sich der majestätischen Ausstrahlung der sieben steinernen Kolosse entziehen.

Während wir um die Statuen herumgingen und in ihre bereits schon sehr verwitterten Gesichter schauten, merkten wir gar nicht, wie sich der Nebel verzog und der Regen aufhörte. Wir diskutierten über die seltsame Lage der "sieben Moai" und die Gründe, warum sie als einzige Statuen im Landesinnern stehen. Viele Archäologen haben sich darüber die Köpfe zerbrochen und keine vernünftige

Antwort gefunden. Auch wir hatten viele Vermutungen, kamen aber zu keinem brauchbaren Ergebnis. Nach intensiver Untersuchung der Statuen beschlossen wir, unsere Rucksäcke zu schultern und weiterzuwandern. Der selbe steinige Weg führte uns weiter ins Inselinnere.

Er durchschnitt förmlich das Land von der Nordküste bis zur Südküste. Als wir uns dem Vulkan *"Puna Kau"* näherten, führte ein kleiner Pfad bergauf, dem wir mit kräftigen Schritten folgten.

Puna Pau-Krater (Herstellungsort der Haarschöpfe)

Auf dem Weg zum Hügel befinden sich viele *"Pukao"*. Manche sind im Erdreich schon fast versunken. Die Pukao besitzen, mit einem Durchmesser von 2 Meter bis 2,50 Meter und Höhen über 2 Meter, beachtliche Größen und haben damit ein erhebliches Gewicht. An den Unterseiten der roten Haarknoten sind Petroglyphen angebracht. Links und rechts des Pfades lagen die Pukaos, als wären sie vom Vulkan gepurzelt. Am Kraterrand angelangt, erkannten wir an der gegenüberliegenden Felswand die ehemaligen Abbruchstellen. Rot leuchtet das Vulkangestein zu uns herüber. Auf dem Kratergrund lagen weitere Haarschöpfe.

Mir gefiel es sehr gut in dieser Gegend. Als die Nachmittagssonne zwischen den Wolken hervor schien, tauchte sie die gesamte Landschaft in ein rotes Licht. Von oben sahen die Pukaos wie verlorene Murmeln aus.
"Hier möchte ich bleiben und die Abendstimmung genießen",
sagte ich zu Isabel.

Die "sieben Moai", die als einzige Statuen im Landesinneren stehen.

"Ich würde auch gerne bleiben aber ich wollte noch..."
"Bitte, ich habe eine Überraschung für dich, die zu dieser Stimmung paßt. Diesmal erzähle *ich* dir eine Geschichte." unterbrach ich Isabel.
"Eine Überraschung? Eine Geschichte? Oh ja, wann?"
Isabel´s Augen leuchteten auf.
"Wird erst heute Abend verraten, sonst ist es keine Überraschung mehr",
antwortete ich siegessicher.
"Einverstanden, aber unsere Zelte schlagen wir am Fuße des Vulkans auf."

Zwischen den herumliegenden Haarknoten fanden wir einen geeigneten Zeltplatz. Beim Zeltaufbau fragte ich Isabel, warum sie eigentlich noch zur Südküste wollte.
"Wir haben doch kaum mehr was zu essen. Nur noch das Gemüse,"
meinte sie.
"An der Südküste hätten wir Fisch und Reis kaufen können."
Ich tat so, als würde es mich nicht besonders interessieren und baute weiter an meinem Zelt. Kurz vor Sonnenuntergang sammelten wir Feuerholz. Als das Feuer dann brannte, sagte ich geheimnisvoll zu Isabel:
"Ich erzähle dir heute Abend eine Geschichte, eine italienische Geschichte."
Verwundert schaute sie mich an. Ich ging wortlos zu meinem Rucksack und zog mit einem Ruck ein Paket Spaghetti und eine Dose geriebenen Parmesan heraus.
"Voila, der Tisch auf Capri kann gedeckt werden."
Isabel schien ihren Augen nicht zu trauen. Spaghetti auf der Osterinsel und vor allem das Verückteste: Parmesan.

"Seit einem Jahr habe ich keine Spaghetti mehr gegessen und schon gar nicht mit Parmesan,"
hauchte Isabel. Rasch ging sie die Kochtöpfe und Pfannen holen. Ich hatte die Nudeln und den Käse auf Tahiti in einem Supermarkt gekauft, bevor ich zur Osterinsel flog. Wir machten uns ans Werk mit Zwiebeln und Tomaten eine Soße zu bereiten. Schon beim Kochen lief uns das Wasser im Munde zusammen und wir konnten es kaum erwarten.

Als die letzten Spaghetti gegessen waren, streckten wir uns auf unseren Schlafsäcken aus und schauten ins Feuer.
"Kannst du mir noch eine Geschichte über die Osterinsel erzählen?"
fragte ich Isabel.
"Ich dachte, du wolltest mir heute eine Geschichte erzählen,"
antwortete sie darauf schelmisch.
"Die Spagetti waren meine Geschichte. Eine Geschichte, die in die Geschichte der Insel eingehen wird, oder?"
Isabel warf mir einen verächtlichen Blick zu, schielte aber trotzdem zu unseren leeren Töpfen.
"Na gut, du sollst deine Geschichte haben,"
sagte sie zufrieden. Sie überlegte eine Weile, dann erhellte sich ihre Miene und sie begann:

Der Totenkult auf Rapa Nui

Die Sonne senkte sich im Westen der Insel hinter dem Vulkan Rano Kau. Auf dem Vorplatz der Ahus von Tahai versammelten sich die Familienmitglieder eines kürzlich verstorbenen Mannes. Die Priester hatten den Dämon, der sich des kranken Köpers bemächtigt hatte, nicht mehr austreiben können. Der Leichnam lag, in Matten gehüllt, mit Pflanzenschnüren festgebunden, auf einer Grasmatte. Die Familie hatte ihn vor drei Tagen auf die Ahu-Plattform gelegt. Zwei Statuen stehen bereits auf dem Ahu und blicken auf das Dorf. In den nächsten Tagen sollte noch ein Moai hinzukommen: die Statue für den Verstorbenen. Er war ein wichtiger Mann und einst ein großer Krieger. Die Statue wird in dementprechender Größe hergestellt werden.

Noch liegt der Moai, am Rückenkiel befestigt, im Steinbruch des Rano Raku. Kurz bevor die Sonne am Horizont endlich im Meer versinkt, zünden die Familienmitglieder rings um den Ahu-Vorplatz kleine Feuer an. In der Mitte des Platzes wird ein großes Feuer errichtet. Diese Szenerie taucht die Menschen und die Steinriesen in ein gespenstisches Licht. Ein Priester stellt sich vor das große Feuer in der Mitte und verkündet in einem Sprechgesang die Taten und Untaten des Verstorbenen.

Entsetzen breitet sich unter den Familienmitgliedern aus, hören sie doch von durchbrochenen Tabus des Verstorbenen. In der Zwischenzeit bereitet die Dienerschaft den *"Umu"* (Erdofen) vor. Die Sippe stellt ein üppiges Mahl zur Verfügung: Fleisch, Fisch, Gemüse und Süßkartoffeln kommen in den Erdofen. Aus geriebenen Taro-Wurzeln und zerdrückten Bananen wird ein Brei gemischt, dieser zu einem Kuchen geformt und in den Ofen gelegt. Während der dreistündigen Garzeit werden Tänze und Lieder vorgeführt. Die Tänze werden immer wilder und ekstasischer, um die Trauer der Hinterbliebenen zum

Ausdruck zu bringen. Im Morgengrauen wird der Erdofen dann geöffnet. Während sich die Mitglieder der Sippe, die Priester und Zauberer an den Speisen laben, hält sich die Familie des Verstorbenen im Hintergrund. Sie dürfen nichts von den Speisen nehmen.

Erst als die Sonne wieder hoch am Himmel steht, neigt sich das Beerdigungsfest dem Ende zu. Der Leichnam bleibt für ein Jahr auf dem Ahu liegen, bis nur noch das Skelett übrig ist. Dann werden die Gebeine in einer kleinen Höhle - einer Familiengruft - unter dem Ahu begraben, worauf über den Ahu ein *"Tabu"* ausgesprochen wird. In der Nähe der Plattform darf kein Feuer mehr entzündet werden und keinem Menschen ist es gestattet, den Vorplatz zu betreten.

Von den Seelen der Verstorbenen nimmt man an, daß sie in der Gestalt von Vögeln umherfliegen. Diese Seelen versammeln sich am Abend immer an der Westspitze der Insel, also in Richtung der Nacht. Von dort waren einst die Vorfahren mit dem Schiff gekommen und dorthin mußten auch die Nachkommen gehen, wenn sie verstorben waren.

Unheimlich war mir zumute. Isabel stand auf, um etwas Feuerholz zu holen. Gedankenversunken stocherte ich mit einem Holzstab in der Glut herum. Isabel warf einige Stücke des trockenen Holzes ins Feuer, worauf es wieder hell aufloderte. In unseren Gesichtern spiegelten sich die Flammen.
"Wie war das mit dem Kannibalismus?"
fragte ich Isabel. Sie überlegte eine Weile, dann nickte sie und sagte:
"Ja, hier hatten die Missionare viel Arbeit zu leisten."

Kannibalismus auf Rapa Nui

Die Bewohner der Osterinsel hatten durch ihre absolute Abgeschiedenheit keine Möglichkeiten, mit anderen Völkern zu kommunizieren. Da einige tausend Menschen auf der Insel lebten, und die Ernährungsbedingungen immer schwieriger wurden, äußerten sich die auftretenden Spannungen in Kämpfen und schließlich in Kriegen. Es reichten bereits Kleinigkeiten, um ganze Sippen in jahrelange Kriege zu stürzen. Meistens führten die Bewohner der Osthälfte Krieg gegen die der Westhälfte. In dieser Zeit herrschte in den betroffenen Regionen oft Hungersnot. Diese brachte wiederum weitere Kriege hervor. Ein verhängnisvoller Teufelskreis.

Die Legende berichtet:
Die Sieger verfolgten die Unterlegenen solange, bis sie diese stellen konnten. Dann wurden sie schwer mißhandelt. Der Schädel wurde mit Steinen eingeschlagen. Mit Knüppeln wurde solange auf den Bauch geprügelt, bis er aufplatzte und die Eingeweide herausquollen. Jetzt konnten sie die Feinde ausweiden und deren Blut trinken. Anschließend wurden die Reste aufgefressen.

Der Kannibalismus auf der Osterinsel diente nicht nur der Rache, sondern er entsprang dem Appetit auf Menschenfleisch. Vor allem Frauen und Kinder fielen den Kannibalen zum Opfer. Dies war eine besondere Schande für die Hinterbliebenen, konnten doch die Getöteten nicht mehr im angemessenen, zeremoniellen Ausmaß beigesetzt werden. Der Kannibalismus entstand aus dem natürlichen Verlangen nach Fleisch. Da der Mensch zu dieser Zeit das einzige nahrhafte Lebewesen war, wurde dieser als Fleischlieferant mißbraucht. Der Überlieferung nach waren die Finger und Zehen die schmackhaftesten Teile des Menschen. Erst nach der Einführung des Christentums verschwand der Kannibalismus. Der letzte Mensch wurde nach Augenzeugenberichten 1890 aufgefressen. Noch heute ist es eine große Beleidigung, wenn man eine Person einen Menschenfresser nennt.

Ja, da saß ich nun, hundert Jahre später, den Bauch voller Spaghetti mit Tomatensoße. Meine einzige Zuflucht war der Schein und die Wärme des Feuers. Isabel schaute mich schelmisch von der Seite her an. Hatte ihre Geschichte Eindruck bei mir hinterlassen? Nein, ganz und gar nicht. Wahrscheinlich lagen die Spaghetti zu schwer im Magen, nach der leichten Kost der letzten Tage. Ich nahm einen Schluck von dem Tee, den wir uns aufgegossen hatten, dann schaute ich zum Himmel empor und atmete tief ein.

Die Wolken hatten sich endgültig verzogen. Eine sternenklare Nacht stand uns bevor. Isabel gähnte:
"Ich verzieh mich in mein Zelt",
meinte sie und raffte ihren Schlafsack zusammen.
"Ok, ich werde noch einen kleinen Spaziergang unternehmen. Mir ist noch nicht nach schlafen zumute."
Auch ich stand auf und ging um das Feuer herum.
"Gute Nacht Isabel".

Im schwachen Sternenlicht fand ich den schmalen Weg zum Krater. Sehr weit konnte ich nicht sehen, aber es reichte aus. Vorsichtig schritt ich voran. Immer wieder stolperte ich über Lavasteine. Ich wollte den Kraterrand

erreichen und den lauen Wind um mich spüren. Hin und wieder rollten einige Steine den Pfad hinunter.
Fast hatte ich den Kraterrand ereicht, als ich ein "Klacken" hörte, das nicht von meinen Schuhen ausgelöst wurde. Ich blieb stehen und horchte in die Dunkelheit hinein.

"Klack",
da war es wieder, nicht mehr weit entfernt.
"Klack, pumpf, klack, pumpf"
"Isabel?"
fragte ich in die Nacht hinein. Niemand antwortete. Ich stieg weiter aufwärts.
"Pumpf",
hallte der Tritt auf dem Grasboden und
"klack",
wenn es gegen einen Stein stieß. Ich stand am Kraterrand und schaute hinunter zum Zelt. Viel konnte ich nicht erkennen, nur einen kleinen Punkt des ausgehenden Lagerfeuers. Ich ärgerte mich, weil ich die Taschenlampe vergessen hatte. Doch jetzt war es eindeutig, jemand kam den Berg herauf. Ein Keuchen und Schnaufen folgte, dann war Stille. Wieder die dumpfen Tritte.

Ich ging einige Schritte vor und stieß fast mit der Schnauze eines Wildpferdes zusammen, das mir gefolgt war und sich einen Leckerbissen erhoffte. Erleichtert atmete ich auf und streichelte das Tier. Eine Weile stand es noch neben mir, dann wurde es ihm zu langweilig und es verschwand wieder in der Dunkelheit. Ich setzte mich an den Kraterrand. Unter mir, unsichtbar in dem schwarzen Loch des Kraters, lagen die Haarschöpfe der alten Osterinsulaner.

Ahu Vinapu

An der Südküste, nahe den Klippen, erreichten wir die wohl interessanteste Zeremonialanlage der Insel. Den *"Ahu Vinapu"*. Schon von weitem sahen wir einen roten Jeep hinter der Anlage stehen.
"Das ist das Auto von Conny und Papiano Tepano, meinen Freunden aus Hanga Roa",
sagte Isabel, als wir näher zu dem Jeep kamen. Die Freunde waren allerdings verschwunden, deshalb widmeten wir uns der Ahu-Anlage.

Das Alter der Bauwerke ist erstaunlich. Man schätzt, daß diese im 10. Jahrhundert entstanden sind. Es sind zwei Ahus, noch weitgehend im Orignalzustand erhalten. Nur die Verwüstungen der späteren Stammeskriege haben sie etwas mitgenommen. Ehemals standen Moai auf den Plattformen, doch jetzt liegen sie umgestürzt im Geröll. Ihre Größe beträgt immerhin um die 5 Meter.

Sie mußten mit gewaltiger Wucht umgestürzt worden sein, denn ihre roten Haarknoten liegen weit im Gras verstreut. Die Achse des ersten Ahu, (Ahu O Tahiri) verläuft genau in Nord-Süd-Richtung. Die Archäologen nehmen an, daß die Plattform früher zur Beobachtung der Sterne diente Die beiden Ahus sind von solch unterschiedlicher Bauart, was die Wissenschaftler zu abenteuerlichen Spekulationen veranlaßte.

Die erste Plattform ist ein Meisterwerk der Steinmetzkunst. Den Handwerkern standen nur steinerne Werkzeuge zur Verfügung, dennoch arbeiteten sie exakt und sehr genau.

Die Plattform ist drei Meter hoch und zwanzig Meter lang. Millimetergenau fügen sich die riesigen Steinquader aneinander. Die Präzision der Steinblöcke hat Jahrhunderte überstanden. Sämtliche Quader erreichen eine Länge von 150 bis 280 Zentimeter, bei einer Höhe von 120 bis 160 Zentimeter. Die Stärke beträgt etwa 50 Zentimeter. Sie wurden der Breite nach aufgeschichtet.

Die nach vielen Stammeskriegen niedergestürzten Moai bei "Vinapu."

Bei der zweiten Plattform fallen die nur grob behauenen Steinquader ins Auge. Hier sind die Fugen sehr ungenau aneinandergepaßt. Der Ahu-Innenraum wurde mit kleinen Lavasteinen aufgefüllt. Auch hier weisen die Quadersteine unterschiedliche Größen auf. Die Steine sind rechteckig, aber senkrecht aufgestellt, und messen etwa 120 Zentimeter in der Breite und 210 Zentimeter in der Höhe, bei einer Gesamtdicke von 40 Zentimeter.

Durch diese unterschiedliche Bauweise kamen die Archäologen zu der Spekulation, daß die Erbauer aus unterschiedlichen Epochen und Richtungen kommen. Die Stilrichtungen der Ahus lassen darauf schließen. Die erste Ahu Plattform gibt Anlaß zur Vermutung, der Baustil könne aus Südamerika stammen, während der zweite Ahu polynesische Züge aufweist. Damit würde sich die Theorie Thor Heyerdals bestätigen: Frühe Besiedler der Osterinsel kamen aus Südamerika.

Ausnahmslos alle Moai wurden umgestürzt, dabei wurde ihnen das Genick gebrochen. Das *"Mana"*, die Zauberkraft des Steinriesen sollte mit dieser Aktion freigesetzt werden. Je länger wir das Bild der damaligen Verwüstung betrachteten, um so trauriger wurden wir. Weit verstreut lagen die roten Haarknoten im Gras. Von den Klippen kam ein Ruf zu uns herüber. Ein Mann und eine Frau standen bei den Felsen und winkten.

"Das sind Conny und Papiano. Laß uns zu ihnen hinübergehen",
sagte Isabel und winkte ebenfalls zurück. Auf halber Strecke trafen wir uns. Isabel stellte mich vor.
"Das ist Friedrich, ein Landsmann von Dir."
sprach Isabel zur Conny. Ich gab den beiden die Hand und grüßte auf deutsch. Conny und Papiano lächelten und gaben den Gruß in der gleichen Sprache zurück. Papiano und Conny erzählten uns, daß sie gerade vom Fischfang zurückkämen. Sie waren mit ihrem Motorboot auf dem Meer und haben reichlich Thunfisch gefangen.
"Alles in Handarbeit, mit der Angel",
erklärte Conny stolz. Papiano Tepano beliefert in regel-

mäßigen Abständen die Fluggesellschaft LanChile mit frischem Fisch. Auch die Erklärung von Isabel, warum wir über die Insel wandern, war unnötig. Es hatte sich längst in Hanga Roa herumgesprochen, daß ein Europäer mit der "chilenischen" Archäologin jeden Stein auf der Insel umdreht.

Wir setzten uns alle auf einen großen Stein. Conny und Isabel erzählten sich die Neuigkeiten aus der Stadt. Papiano erklärte mir in erstaunlich gutem Deutsch den Fischfang auf hoher See. Er hatte die Sprache nach und nach von seiner Frau gelernt.
"Nach eurer Inselumwanderung müßt ihr unbedingt zu uns kommen, dann machen wir einen richtigen "umu" für euch und die ganze Familie",
schlug Conny schließlich vor und Papiano grinste breit.

Papiano schnitt für uns einige dicke Scheiben Thunfisch ab.

"Jetzt aber müssen wir weiter. Am Flughafen warten sie schon auf unsere Fische",
meinte Papiano und rückte seine zusammengerollte Pudelmütze in die Stirn. Er ging zu seinem Boot hinüber, schnitt mit einem großen Messer ein paar dicke Scheiben vom Thunfisch ab und wickelte sie sorgfältig in ein Zeitungspapier. Dann überreichte er mir das Paket. Sie verabschiedeten sich und fuhren in Richtung Hanga Roa.

Wir wanderten weiter, immer der Südküste entlang, bis zur nächsten Sehenswürdigkeit.

Das Mana (Die Zauberkraft)

"Die Statuen bewegten sich von selbst!"
behaupteten noch heute die Einwohner der Osterinsel. Nachdem sie im Steinbruch fertiggestellt wurden, seien sie einfach zur Küste gegangen und hätten sich auf die vorbereiteten Ahus gestellt. Diese Legende hält natürlich keiner wissenschaftlichen Nachforschung stand. Egal wie die Fragen der Wissenschaftler ausfallen, die Antwort ist stets dieselbe, denn der Glaube an das *"Mana"* ist in Polynesien von großer Bedeutung.

Das Mana hängt von der Vorstellungskraft eines jeden einzelnen ab. Es verkörpert den Himmel, sowie auch den Hades. Arbeitete ein Handwerkszeug oder irdischer Gegenstand besonders gut, so war es mit einem Mana behaftet. Dieser Glaube existiert nicht nur auf der Osterinsel, sondern auf den gesamten pazifischen Inseln, die es als "übernatürliche Kraft" interpretieren.

Kennen wir das Wort nicht von der Bibel? "Das *"Mana"* ein Brot, das uns "Kraft" geben soll. Die Indianer erwähnen *"Manitu",* den Übergeordneten. Oder *Manugesetzte, Minotaurus,* all diese Namen haben einen engen Bezug zu der Welt des Unsichtbaren. Einige Wissenschaftler gehen noch weiter und sehen in diesem Wort eine enge Verbindung zu dem englischen Wort *Man,* was Mensch bedeutet, ausgestattet mit Seele, Geist und Kraft. Genau diese Kraft besaßen auch die Bildhauer der Osterinsel. Hatten sie einmal die Steinriesen fertiggestellt, gab ihnen der König *Mana* (Überlieferung) die Kraft, sich fortzubewegen. Wie bekamen die Moai ihre Zauberkraft?

Tatsächlich waren die Steinriesen im Steinbruch des Rano Raraku blind. Standen sie aber auf den Ahus, wurden ihnen die Augen geöffnet, indem man die vorgesehenen Höhlen mit weißen Korallen ausfüllte. Anschließend setzte man ihnen die roten Haarknoten auf. Die ganze Kraft, das Mana, konnte nun ungehindert durch die geöffneten Augen strömen. Der Glaube an das Mana, die Zauberkraft, ging im Laufe der Jahrhunderte auf der Insel verloren. Wie kam es dazu?

Das Ende der Zauberkraft

Die Überlieferung vermischt sich mit der Wahrheit und dem Aberglaube. So wurde nach dem Krieg der Kurzohren gegen die Langohren auf der Poike-Halbinsel folgendes erzählt: Nach dem die Kurzohren die Langohren besiegt und ausgerottet hatten, versuchten sie weiter so zu leben, wie ihre Vorgänger. Teilweise waren sie in die Geheimnise des Kultes und der Lebensweise der Langohren eingeweiht. Jetzt glaubten sie, das Wissen zu besitzen, um dieses Leben weiterzuführen.

Tatsächlich fehlte ihnen aber das Wesentliche: Sie hatten die unglaubliche Wirkung des Mana bei den Vorgängern kennengelernt, konnten aber nie dessen Geheimnis ergründen. Da gerieten die Kurzohren in Panik. Jahrzehnteang hatten sie im Steinbruch des Rano Raraku geschuftet und die Steinriesen hergestellt. Jetzt fühlten sie sich von den Göttern verlassen und verflucht. Die Statuen ließen sich nicht mehr von der Stelle bewegen. Selbst die Riesen, die an der Küste standen, strahlten kein Mana mehr aus. Sie stürzten die Statuen, um ihnen das Genick zu brechen. Damit glaubten sie das Mana befreien zu können und hofften, es verbreite sich über die gesamte Insel. Doch nichts geschah, keine weiteren Kräfte konnte man wahrnehmen. Die Kurzohren verloren das Interesse an den Statuen und an der Steinmetzkunst. Eine neue Kunstepoche begann auf der Insel.

Wir verließen die Anlage von Vinapu und wanderten weiter auf der ausgefahrenen Straße an der Südküste entlang. Zum Inselinnern hin sahen wir immer noch die alten Steinwälle, die 1888 nach der Annektierung durch Chile von der Bevölkerung aufgebaut wurden. Sie dienten als Weidezäune für die riesigen Schafherden.

Im Einverständnis mit der chilenischen Regierung übernahm eine englische Gesellschaft die Schafzucht auf Rapa Nui. Die Gesellschaft pachtete die ganze Insel und ließ den Einheimischen nur ein kleines Areal um Hanga Roa als Lebensraum. Sie durften die Stadt nicht verlassen. Damit wollten sie den Tierdiebstählen vorbeugen.

In dieser Zeit weideten über 60 000 Schafe auf der Insel. Die Steinwälle waren aus losen Lavasteinen zusammengestellt und etwa 1,50 Meter hoch. Isabel erklärte mir, daß dieser Inselteil in früheren Zeiten besonders dicht besiedelt war. Sippen und Dorfgemeinschaften gruppierten sich gerne an Küsteneinschnitten, denn diese natürlichen Abschnitte boten Anlegemöglichkeiten für die Fischerboote und Ackerland. Deshalb trifft man hier auf besonders viele Zeremonialanlagen.

Ahu Hanga Poukura und Ahu Akahanga

Vor uns tauchte der "*Ahu Hanga Poukura*" auf. Auch hier bot sich uns das gewohnte Bild. Die Moai waren von ihren Sockeln gestürzt, die Pukao lagen weit verstreut im Gras, einer sogar im Meer. Dabei zählte der Ahu Hanga Poukura einstmals zu einer großen Anlage. Auf der Rückseite des Ahus entdeckte man, mit welcher Meisterleistung die Steinmetze gearbeitet hatten. Die Felsquader waren präzise gehauen und fugenlos aneinandergepaßt. In der Ahu-Rampe entdeckten wir einige Grabkammern, die aus einer späteren Epoche der Inselgeschichte stammen.

7 Kilometer weiter an der Küste stießen wir auf den "*Ahu Akahanga*". Auch dieser war zerstört. Die Moai lagen bäuchlings auf der Ahu Rampe, die Haarknoten weit verstreut. Die Statuen wiesen eine beachtliche Größe auf. Das Abmessen ergab 7 Meter Höhe und 3 Meter Schulterbreite. Da der Ahu Akahanga an einer steil abfallenden Küste steht, machte die Errichtung eine besondere Konstruktion erforderlich. Terrassenförmig mußte die Anlage vom Meer her aufgebaut werden, um die nötige Standfestigkeit zu erreichen. Das Ahu-Innere war mit großen Lavasteinen ausgefüllt.

Am Abend erreichten wir die "Camino de los Moai" (Weg der Moai). Dieser Weg zweigt von der Küstenstraße ab und führt zum Vulkan Rano Raraku, zum Steinbruch. Zwischen der "Straße der Moai" und der Küste suchten wir uns einen geeigneten Übernachtungsplatz. Hinter einem Steinwall, der früher als Weidezaun diente fanden wir eine geeignete Stelle. Es war schon spät am Abend und wir mußten noch schnell unsere Zelte aufbauen, bevor es dunkel wurde. Dann sammelten wir Brennholz und Lavasteine. Es war nicht einfach, im Schein unserer Taschenlampen genügend Brennmaterial zu finden. Dennoch entdeckten wir ausreichend trockenes Holz. Auf den Lavasteinen grillten wir uns den Fisch. Die Nacht wurde schnell kühl und das Sternenband zog vom östlichen Horizont herauf. Noch waren wir nicht müde. Im schwachen Schein der Glut weihte mich Isabel in die "Mythen und Legenden" der Osterinsulaner ein.

Die Legenden

Die Einwohner von Rapa Nui haben eine besondere Beziehung zu ihrer Geschichte. Sie sind im Zwiespalt zwischen der heutigen Religion und dem Aberglauben. Einige Legenden konnte der Leser schon in den vorangegangenen Seiten erfahren. Doch ist der Vorrat an Geschichten und Sagen bei weitem noch nicht erschöpft. Die Vorstellung und der Glaube an die christliche Religion ist zwar bei den Insulanern vorhanden, der Aberglaube jedoch tief verwurzelt. Eine Insel, die seit ihrem Ursprung von der gesamten Welt abgeschnitten wurde, kann nur Mystik gebären.

Eine starke Verbindung zu den Vögeln bestand seit Beginn der Geschichte. Auch heute haben die Vögel noch eine große Bedeutung auf der Insel. Die nachfolgende Geschichte erfuhr Isabel von einem sehr alten Mann. Obwohl ihm sein chilenischer Paß 84 Lebensjahre bescheinigte, gab er sein Alter mit 120 Jahren an.

Legende I (*Wie ein Junge zum Vogel wurde*)

Es lebte einst ein Junge mit dem Namen "To Mariki" auf der Insel "Te Pito o te Henua" (Nabel der Welt). Seine Eltern hatten viele Sorgen mit ihm, denn er liebte das freie Leben in der Natur mehr als die Feldarbeit. Er erfreute sich an dem Anblick der sanften, grasbewachsenen Hügel in seiner kleinen Welt. Jeden Morgen, kurz nach Sonnenaufgang schlich er sich aus der elterlichen Hütte und streifte in der Gegend umher. Stundenlang konnte er auf einem der vielen Hügel sitzen und die Sonne aufgehen sehen. Vom tosenden Meer an den Klippen ließ er sich betören und die Höhlen der Vorfahren befriedigten seine Abenteuerlust. To Mariki war ein Einzelgänger. Er spielte kaum mit den Knaben in seinem Alter, sondern streifte stattdessen immer allein auf der Insel herum.

An einem schönen Sonnentag, als er an der Küste eßbare Meerschnecken aufsammelte und sie sofort verspeiste, gelangte er an eine Höhle, die er noch nie zuvor entdeckt hatte. Das Höhleninnere war mit allerlei geheimnisvollen Zeichen und Bildern ausgestattet, die er nicht deuten konnte. To Mariki ging vorsichtig in die Höhle hinein. Als die Sonnenstrahlen das Höhleninnere nicht mehr ausleuchten konnten, mußte sich der Junge vorsichtig an der Felswand weitertasten. Seine Neugierde war größer als die Angst, die sich in sein Herz schlich. Immer tiefer tastete er sich vor. Er wußte nicht, ob ihn der Weg abwärts oder aufwärts in die Höhle trug. Plötzlich, sah er einen schwachen Lichtschein. Langsam ging er auf dieses Licht zu. Als die Helligkeit stärker wurde, erkannte er, daß er sich in einer kuppelartigen Grotte befand. In deren Mitte brannte ein bläuliches Feuer, hinter welchem eine alte Frau saß. Seltsame Bilder entdeckte er an den Felswänden, nie zuvor hatte To Mariki ähnliches gesehen. Verwundert und etwas ängstlich blickte der Junge die alte Frau an, die hinter dem Feuer kauerte und in die Flammen starrte. Ohne aufzublicken sprach sie ihn an.

"Was tust du hier in meiner Höhle, Junge?"
"Verzeih mir, aber ich habe diese Höhle noch nie gesehen und ich war neugierig",
gestand To Mariki und drückte sich gegen die Höhlenwand.
"Komm her Kleiner, hast du Hunger? Ich brate dir Langusten und Fisch, wenn du eine Weile bei mir bleiben willst und mir Gesellschaft leistest",
sprach die Alte und machte dabei eine einladende Handbewegung. To Mariki überwand seine Angst. Außerdem konnte er bei diesen verlockenden Speisen nicht nein sagen. Er war eben ein Junge und wie alle in seinem Alter immer hungrig und abenteuerlustig.

Vorsichtig setzte er sich neben die alte Frau. Die aber grub in der Zwischenzeit den "Umu" (Erdofen) aus. Köstliche Leckereien kamen zum Vorschein. Große, rote Langusten und saftige Thunfische wickelte sie aus den Bananenblättern, süßes "Poe Poe" (eine Art Bananenkuchen) bruzzelte auf einem heißen Lavastein. Solche Speisen kannte der Junge nur von Hochzeiten oder Totenfesten. Das Wasser lief ihm im Munde zusammen und er rückte näher an das Feuer. Diese Zutraulichkeit bemerkte die alte Frau sehr wohl, doch tat sie, als wäre sie sehr mit den Speisen beschäftigt. Ein verführerischer Duft

An den Grashängen des Rano Rakau stehen einsam und

verlassen die Moai, die für den Transport vorgesehen waren.

Auf den steinigen Wegen der Insel, ist das Pferd immer noch

das bequemste Transportmittel.

Steile, scharfkantige Klippen umsäumen die Insel

Blick über den Kraterrand des Rano Kau auf das offene Meer hinaus.

Über 6000 wilde Pferde weiden auf der Osterinsel

Nur die Hälfte der Steinriesen ist zu sehen. Der Rest wurde im Laufe der Jahrzehnte mit Regenschlamm zugedeckt.

Gewitterstimmung am Ahu von Tahai

Der Fischfang ist ein wichtiger Bestandteil auf Rapa Nui...

...Anschließend werden die Fische auf dem Markt in Hanga Roa angeboten.

Nur wenig Gemüse und Obst gibt der steinige und poröse Boden Rapa Nuis her.

Sanfte, grasbewachsene Hügel bilden das Landschaftsbild der Osterinsel.

Im Hintergrund die Poike-Halbinsel.

durchzog die Höhlenkammer. Die Alte legte die Köstlichkeiten vor dem Jungen auf einen großen Stein. Dann gab sie mit einem Handzeichen zu verstehen, er könne essen. Noch nie zuvor hatte er ein solch wohlschmeckendes Mahl zu sich genommen. Der Fisch war frei von Gräten, die Languste groß und das Fleisch zart wie eine weiße Wolke am Himmel. Das Poe Poe hatte einen außerordentlich süßen Geschmack. Die Alte schaute ihm geduldig zu. Ab und zu lächelte sie und nickte mit ihrem runzeligen Kopf.

Als To Mariki richtig satt und sein Bauch zum Bersten gefüllt war, sprach die Alte zu ihm:
"Woher kommst du mein Junge? Warum erfüllst du mein altes Herz mit Liebe? Ich sehe dich gerne."
Verwundert schaute To Mariki sie mit seinen großen, braunen Augen an.
"Sag mir, von woher du kommst."
lispelte die Frau. To Mariki erzählte ihr, aus welcher Gegend er kam und zu welcher Sippe er gehörte. Er erzählte ihr von seinen Ausflügen und Abenteuern, von Wind, Wasser und Erde. Die alte Frau hörte gespannt zu, nickte oder hustete manchmal. So verging die Zeit.

Der Junge wußte nicht mehr, wie lange er in der Höhle zugebracht hatte. Als er mit seinen Erzählungen fertig war, wollte er sich verabschieden, doch die Alte war so angetan von seinem jungen Leben und den Geschichten, daß sie ihn bat, weiter zu erzählen. Der Junge freute sich, daß ihm jemand zuhörte, denn daheim in der Hütte hatte man kein Verständnis für seine Abenteuer. To Mariki konnte jeden Grashalm, jeden Stein und jedes Tier auf der Insel

beschreiben. Als er seine ganze Lebensgeschichte erzählt hatte, meinte die alte Frau, sie wolle ihm etwas zeigen. Sie ging in einen Nebenraum der Höhle und kam nach einer Weile mit einem Seeadler zurück, der auf ihrem dünnen Arm saß. Der Junge war fasziniert von dem schönen Tier. Immer wieder blickte er den stolzen Seeadler an. Die Alte beobachtete ihn aus den Augenwinkeln und sprach:
"Mein Junge, du hast mich in meinen alten Tagen sehr glücklich gemacht. Ich bin eine alte Zauberin. Wenn du einen besonderen Wunsch hast, so kannst du ihn heute und jetzt aussprechen."
To Mariki schaute sie mit großen Augen an. Ja, er hatte einen Wunsch.
"Ich will Reisen. Ich weiß, daß die Insel nicht die ganze Welt bedeutet,"
sprach der Knabe.
"So soll es sein,"
sagte die alte Frau. "Hier mein Junge, trink dieses Wasser. Es wird dir deinen Wunsch erfüllen. Reise wohin du magst."

Der Junge trank das Wasser, das die Alte ihm in einem ausgehöhlten Stein reichte. Darauf fiel er in einen tiefen Schlaf. All seine Erinnerungen erloschen. To Mariki gab es nicht mehr. Stattdessen flogen am nächsten Tag zwei weiße Seeadler aus der Höhle heraus. Sie hoben sich in die Lüfte und ließen die Insel hinter sich. Ihre Flügel strebten dem weiten Horizont entgegen.

"To Mariki bekam seine Freiheit, nach der er so sehnsüchtig suchte. Fast jeder Insulaner, auch heute noch, bekommt den Wunsch, die Insel einmal zu verlassen,"

sprach Isabel.
"Aber, ich will dir noch mehr über die damalige Bevölkerung erzählen."

Legende II (*Die Tabus*)

Der Begriff des "Verbotes" oder das *"tabu"* ist in der polynesischen Kultur tief verwurzelt und somit auch auf der Osterinsel stark vertreten. Die Bedeutung des Tabus konnte auch von den zahlreichen Missionaren nicht ausgelöscht werden, die auf der Insel das Christentum verbreiteten. Noch heute spricht man nur hinter vorgehaltener Hand über Ereignisse, die durch Tabuverletzungen hervorgerufen wurden.

Pater Englert, der die Insel und seine Bewohner so gut kannte, wie kein Zweiter, überlieferte einige Tabus der Nachwelt: So sind manche der zahlreichen Hohlräume der Insel als "Familienhöhlen" ausgestattet worden. Diese wurden mit einem *"tabu"* belegt, um die Sammlungen von Steinkunstwerken und Schnitzereien zu schützen. Diese behauenen Steine sollen Zauberkraft besitzen und sind seit Generationen in den Familienhöhlen zusammengetragen worden. Zahlreiche Höhlen konnten nicht erforscht werden, weil man ihre Eingänge nicht kannte.

Auch der plötzliche Abbau der Statuen war Folge einer "Tabu-Legende". Die Steinmetze am Krater Rano Raraku wurden täglich von drei Männern mit Nahrung versorgt. Eines Tages fingen diese Männer eine große, langschwänzige Languste in einer Höhle unter dem

Meeresboden. Sie baten eine alte Zauberin, die große Languste zu kochen und schmackhaft zuzubereiten. Sie kochte die Languste und versetzte sie mit allerei feinen Gewürzen. Dann ging sie zu ihrem Bruder. In der Zwischenzeit aber aßen die drei Männer die Languste auf. Als die Zauberin zurückkam, war sie sehr erzürnt und stieß einen Fluch aus, woraufhin die Statuen umfielen. Den Steinbruch aber belegte sie mit einem *"tabu"*.

Pater Englert hörte auch von einem *"tabu"*, das die Ahus besaßen. Als die ersten Missionare auf die Insel kamen, versuchten sie diesen Aberglauben auszurotten. Sie erklärten der Bevölkerung, daß die Angst unbegründet sei, mit einem Ort in Verbindung zu kommen, der mit einem *"tabu"* belegt ist. Natürlich verletzten die Missionare unbewußt einige Tabus auf der Insel, jedoch erweckte dies bei der Bevölkerung keinerlei Interesse. Sie glaubten, der Fremde habe ein besonderes Mana, das ihn vor Strafe schütze.

Jedoch waren sie unnachgiebig wenn einer der Landsleute ein schweres *"tabu"* verletzte, dies konnte den Tod des Betreffenden mit sich führen. Nicht nur, derjenige, der das *"tabu"* verletzt hatte, mußte mit diesen Sanktionen rechnen, sondern auch die Person, die das *"tabu"* ausgesprochen hatte, wurde in ihrer Ehre schwer verletzt.

Meist waren Stammesfehden und Kriege die Folge. Zahlreiche große und noch mehr kleinere *"tabus"* gab es auf der Insel. Zum Leidwesen von Pater Alois, der die Bevölkerung auch heute noch nicht von dem Aberglauben abbringen kann.

Legende III (*Ana o Keke, die heilige Bleichstätte*)

Später, als ich wieder bei Maria Hey in Hanga Roa lebte und fast jeden Tag meinen Spaziergang zur Anhöhe, auf der die Kirche stand, machte, erzählte mir Pater Alois von einer verborgenen Höhle im Vulkanfelsen der Poike Halbinsel. Der Ursprung dieser Überlieferung ist unbekannt. Es ist die Legende der *"Neru-Mädchen"*.

Jungfrauen wurden für eine bestimmte Zeremonie lange Zeit in eine Höhle gesperrt, um ihre Haut so bleich wie möglich zu machen. Für mehrere Monate sahen sie kein Tageslicht. Das nötige Essen und die Getränke bekamen sie von eigens dafür bestimmten Frauen. Erst wenn die Haut der Jungfrauen bleich genug war, durften sie die Höhle verlassen. Daraufhin begann eine Zeremonie, deren Überlieferung uns leider nicht mehr bis in unsere heutige Zeit begleitete.

Der Eingang der heiligen Höhle *"Ana o Keke"*, liegt an der Ostspitze der Insel, am steilen Felsabhang des Kraters *"Maunga Pukatikei"*, auf der Poike Halbinsel. Steile Abhänge stürzen zum tosenden und schäumenden Meer hinab. Folgt man am Fuße des Vulkans einem kaum erkennbaren, schmalen Weg, so führt er an der Ostseite zu den steilen Abhängen hinauf. Der Pfad endet an einer Kante. 90 Meter tiefer zerschlagen sich die Wellen an den Klippen. Hier führt der Weg an der Felswand entlang. Teilweise muß man sich mit dem ganzen Körper an den Felsen pressen, um nicht vom stetigen Wind erfaßt zu werden, der an den Kleidern zerrt. Genau an dieser Stelle, wo der Fußweg hinter einer Biegung verschwindet, erreicht man einen kleinen Vorsprung. Hier liegt die Höhle. Kaum ein Menschenkörper kann sich durch die enge Öffnung zwängen. Leicht abwärts geneigt führt der Schacht in den Felsen des Vulkans hinein. Doch bald erweitert sich der Kanal und endet schließlich in einer kleinen Höhle.

Sie ist nur 1,50 Meter hoch und so groß wie eine Abstellkammer. Ein schmaler Lichtschein beleuchtet den Raum von oben her. Flache Steinbänke stehen an den blanken Felswänden und bieten für etwa zehn Mädchen Platz. Hier mußten also die Jungfrauen monatelang ausharren. Sie durften weder Haare noch Fingernägel schneiden. Ein Bruch dieser Vorschriften wurde mit dem Tode bestraft. Ihr einziger Zeitvertreib war ein Fingerspiel mit einem Faden, das sie *"Kai Kai"* nannten. Bei diesm Spiel sangen sie ein Lied:

Ka-hura koe neru,
ka-hura koe neru o tua e
I te ana runga
I te ana tautau ipu kea
o nga neru tuai
o nga neru tuai
otu a ana.

Bleib zurückgezogen, wie ein neru
bleib zurückgezogen dort hinten.
Oben in der Höhle.
In der Höhle, die erdfarben ist
Höhle der alten neru.
Höhle dort hinten.

Was ist mit den *"Nerus"* geschehen, als sie die Höhle verlassen durften? Wurden sie als Göttinen verehrt oder in einem wilden Fest aufgegessen? Möglich ist beides. Vielleicht steht die Antwort auf einer der Rongorongo-Tafeln, oder man findet die Antwort eines Tages in einer der unzähligen Höhlen auf der Insel Rapa Nui.

Camino de los Moai (Weg der Moai)

Am nächsten Morgen folgten wir dem Küstenweg, der sich bald teilte. Der *"Weg der Moai"* führt in das Inselinnere und endet am Fuße des Steinbruchs Rano Raraku. Gleich zu Beginn der steinigen Straße lag ein riesiger Koloß auf dem Bauch, der wohl beim Transport umgekippt und liegengelassen worden war. Mit einer Größe von nahezu 8 Metern zählt er zu den größten zurückgebliebenen Moai. Ohne nennenswerte Steigungen schlängelt sich der Weg von der Küstenstraße weg. Immer wieder trafen wir links und rechts der Straße auf Steinstatuen, die bäuchlings liegend zurückgelassen wurden. Es war ein unheimlicher Anblick, als wir an den Statuen vorbeigingen. Sie schienen zu schlafen, es waren "müde Moai" die auf das Erwachen warteten. Nach etwa 2 Kilometern erreichten wir den Fuß des Rano Raraku. Dort lagen besonders viele Moai.

Gleich hinter der Abzweigung des Vulkans sahen wir einen *"tupa"* - ein Haus aus losen Steinen, in Ovalform zusammengebaut. Sie messen 6 auf 4 Meter bei einer Höhe von 2,50 Meter. Dabei beträgt die Eingangsöffnung in der Regel 60 mal 70 Zentimeter. Die Wissenschaftler gehen

Zurückgelassener Moai auf der "Camino de los Moai".

davon aus, daß diese Bauwerke früher den Priestern zustanden, um das Wetter voraussagen zu können. Dies war für die Landwirtschaft besonders wichtig. Ungefähr 30 solche elliptischen Bauwerke sahen wir. Von hier aus würde der Weg wieder zur Küste zurückführen. Wir jedoch gingen zum Fuße des Vulkanberges Rano Raraku, um die zurückgelassenen Steinbrucharbeiten der ehemaligen Steinmetze zu betrachten.

Der Rano Raraku (Steinbruch der Moai)

Denke ich an die Osterinsel zurück, war eines meiner größten Erlebnisse der Anblick der vielen Statuen, die am Fuße des *"Rano Raraku"* standen. Weniger die Größe der Kolosse, als die Unregelmäßigkeit, in der sie bis zur Brust im Erdboden steckten, beeindruckten mich.

Als wir die *"Camino de los Moai"* verlassen hatten, führte ein schmaler Weg weiter in das Landesinnere und endete vor dem Hauptmassiv des ehemaligen Vulkan *"Rano Raraku"*. Noch vor den Steinriesen, nach dem Passieren des Eingangs zum Steinbruch (eine Tafel weist daraufhin), führte ein kleiner Pfad leicht bergauf. Dort steht, in einer Spitzkehre, die einzige Figur der Insel, die aus der Norm der sonstigen Moai herausragt.

Der "Rano Rakau" von der Südküste aus gesehen.

Der fast 4 Meter große Moai "Tuturi" kniet am Boden, die Beine stark angewinkelt. Es ist die einzige Skulptur mit ausgebildeten Extremitäten. Geht man weiter den Hang hinauf, erreicht man bald die größte Anzahl der Statuen.

Steinriesen am Grashang des "Rano Rakau".

Alle Steinriesen wurden nach dem selben Muster bearbeitet und erstellt. Durch die unterschiedliche Verteilung am Rasenhang erlangen sie eine gewisse Eigenständigkeit. Viele Statuen sahen wir nahe beieinanderstehen, als wollten sie miteinander reden, andere wiederum einsam und verlassen.

Hochnäsig drehen sie dem Betrachter den Rücken zu. Dann gab es Figuren, die schräg und schief im Erdboden steckten und somit hilfesuchend zu uns herüberblickten. Keine Figur ließen wir auf dem kleinen Rundweg aus.

Hinter den Moai an den Grashängen befand sich die eigentliche Werkstatt der ehemaligen Osterinsulaner. Insgesamt beherbergt sie noch 270 unvollendete Steinriesen, die in jeder Fertigungsform hinterlassen wurden. Sie erwecken den Eindruck, als schliefen sie noch und warten nur auf das Erwachen, um sich in das Tal hinabzubegeben. Urplötzlich wurden die Steinmetzarbeiten am Steinbruch unterbrochen.

Noch am Rückenkiel befestigter Moai.

Einsam und verlassen hängen die Riesen in den Felswänden. Die Werkzeuge liegen noch am Rande der jeweiligen unfertigen Statuen. Um noch weiter in den Steinbruch zu gelangen, mußten wir uns über die halbfertigen Moai schwingen. In diesem Gewirr von Monoliten entdeckten wir die größte Figur, die jemals von den Steinmetzen in Angriff genommen wurde. Schräg und halb versunken im Erdreich lag sie vor uns, vom Kopf bis zur Hüfte 21 Meter messend. Nur noch ein dünner Steg trennt den Rücken vom Muttergestein. Stehend und liegend ragten die Steinriesen aus dem Vulkangestein hervor. Manche waren so groß, daß wir uns unwillkürlich fragten, ob diese Riesen jemals zum Transport an die Küste vorgesehen waren.

Wir scheuten uns nicht, den beschwerlichen Weg zum Rand des Vulkankraters anzutreten. Auf der Anhöhe veränderte sich unser Ausblick völlig. Im Gegensatz zum schroffen Außenhang senkte sich der Innenteil des Kraters sanft zu einem See hin. Die Vegetation des Kratersees bestand vorwiegend aus festem *"totora"* - Schilf. Auch die Innenseite des Vulkans war mit Moai in allen Fertigungsstadien bestückt. Allerdings waren sie im Durchschnitt etwas kleiner als die am Außenhang.

Von hier oben hatten wir einen wunderbaren Ausblick zur Südküste. Wir schauten über die Steinköpfe hinweg auf ausgedehnte Grasflächen, unterbrochen durch die Steinwälle der Schafzüchter, bis hinaus auf das blaue, unruhige Meer und den weiten Horizont. Zur linken Seite, nur 3 Kilometer entfernt, sahen wir die *"Poike- Halbinsel"* mit ihrem Vulkankegel *"Maunga Pukatikei"*. Hier hatte einst der legendäre Krieg zwischen Langohren und Kurzohren stattgefunden.

Ausblick vom "Rano Rakau" zur Südküste.

Den ganzen Tag verbrachten wir mit Ausmessen und Eintragungen am Steinbruch. Am Nachmittag schlugen wir dann am Fuße der Steinriesen unsere Zelte auf. Ein leichter Wind fegte über das kniehohe Gras und ließ die Luft erzittern. Ich freute mich auf den Sonnenuntergang.

Der Anblick war überwältigend, als die Sonne im Westen verschwand und die Steinriesen in ein rötliches Licht tauchte. Schweigend saßen wir am Hang des *"Rano Raraku"* und beobachteten das Lichtspiel, bis die Nacht heraufkam. In der Glut unseres Feuers rösteten wir die letzten Maiskolben.
"Kannst du dir vorstellen,"
begann Isabel die Unterhaltung,
"wieviel Menschen in diesem Steinbruch gearbeitet haben? Es müssen mehrere Hundert gewesen sein."
"Ja, ich kann mir gut die wilde Atmosphäre vorstellen, die

hier geherrscht haben mußte,"
erwiderte ich.
"Die Arbeit muß sehr anstrengend gewesen sein. Während Dutzende an einem Steinriesen arbeiteten, wurden die fertigen weitertransportiert. Überall waren ganze Mannschaften mit diesen Kolossen unterwegs. Sie schwärmten in alle Richtungen der Insel aus. Die Rücken der Statuen wurden erst dann fertiggestellt, wenn sie am Bestimmungsort waren."

"So stelle ich es mir vor,"
meinte Isabel.
"Aber warum wurde der Steinbruch plötzlich aufgegeben?"
fragte ich.
"Die Wissenschaftler haben zwei Theorien."
antwortete Isabel.
"Die erste besagt, daß eine Naturkatastrophe stattgefunden haben mußte, die zweite und auch die wahrscheinliche, daß

Mit geheimnisvollen Ornamenten verzierter Moai.

der Krieg zwischen den Langohren mit den Kurzohren den Statuen-Kult beendet hat."
Weitere Fragen interessierten mich noch:
"Was mich verwundert, ist die Rückseite einiger Moai. Sie weisen unterschiedliche Einkerbungen und Zeichnungen auf, sogenannte "Tatauierungen". Ich habe verschiedene "O" und "M" über horizontal verlaufenden Strichen festgestellt."
"Das sind stilisierte Wiedergaben eines aus Naturgras geflochtenem Gürtels mit Knoten."
erwiderte Isabel.
"Außerdem erkannte ich auf einigen Statuen Vögel und bei anderen Schiffe."
"Die Vögel wurden während der Schaffensperiode eingemeißelt. Die Schiffe sind nachträglich angefertigt, als die ersten Europäer auf die Insel kamen."

Fast gleichzeitig drehten wir uns zu den Steinriesen hinter uns um. Wie schwarze Schatten hoben sie sich vom dunklen Nachthimmel ab und schauten stumm auf uns herab. Am nächsten Morgen, beim Frühstück, bat ich Isabel noch einen Tag und eine Nacht länger am Steinbruch zu bleiben. Von hier aus konnten wir auch einen Tagesausflug nach *"Tongariki"* und den umliegenden Sehenswürdigkeiten unternehmen.

Ahu Tongariki und die Petroglyphen

Gegen Mittag ereichten wir den *"Ahu Tongariki"*. Nur etwa 2 Kilometer von der Moai-Fabrik entfernt lag diese Anlage. Zwei vernichtende Gewalten mußte diese Stätte über sich ergehen lassen: die Stammeskriege der Menschen und ein Seebeben, das im Jahre 1960 von der chilenischen Küste

Moai in "Tongariki". Im Hintergrund der Vulkan "Rano Raraku".

gegen die Insel schlug. Eine riesige Flutwelle spülte selbst schwere Moai ein Stück in das Landesinnere und verteilte alle Einzelteile auf unnatürliche Weise. Unseren Augen bot sich ein einziges Trümmerfeld. Nur in der Ferne sahen wir einen einsamen, wieder aufgerichteten Moai. Als wir ihn näher untersuchten, bemerkte ich, daß er einen Bart trug. Isabel bestätigte meine Entdeckung. Dieser Monolith ist der einzige mit Bart, der jemals den Steinbruch des Vulkans verlassen hatte. Allerdings lagen in der Werkstätte noch einige unvollendete, bärtige Statuen herum. Nicht weit von der Figur entfernt, zeigte mir Isabel eine der reichhaltigsten Ansammlungen von *"Petroglyphen"* auf der Insel. Diese Felszeichnungen sind in die Oberfläche großer Steinplatten, die aus dem Gras herausragen, eingeritzt oder mit Steinwerkzeugen eingemeißelt worden. Uns fielen einige Tierabbildungen auf, deren Konturen Isabel mit Kreide nachzog. Fische in verschiedener Größe, Vögel, teilweise mit zwei Köpfen, sowie Schildkröten kamen zum Vorschein. Auch konnten wir eine Abbildung von Makemake und den Vogel-Männern erkennen. Dieses Gebiet war mit Höhlen übersät. Es waren früher Familienhöhlen oder auch Zufluchtsorte vor den Sklavenjägern, die um 1860 Angst und Schrecken auf der Insel verbreiteten.

Am Nachmittag gingen wir zur Küste, um Fische zu fangen. Heute war Isabel an der Reihe, ihre Angelkunst unter Beweis zu stellen. Während sie mit der Angel nach Fischen Ausschau hielt, räkelte ich mich faul am groben Kiesstrand. Von Norden zogen dunkle Wolken auf. Als Isabel zwei stattliche Fische gefangen hatte, bereiteten wir sie noch an Ort und Stelle auf die übliche Weise zu.

Die Zeit drängte, denn die Wolken rückten immer näher. Gerade, als jeder von uns einen heißen Fisch verspeiste, fing es zu regnen an. Hastig packten wir unsere Sachen zusammen und machten uns auf den Weg zum Steinbruch. Gute zwei Kilometer hatten wir noch vor uns. Gewaltig peitschte uns der

Regen ins Gesicht. Immer wieder rutschten wir auf dem durchnäßten Gras aus. Am Abhang des Vulkans floß uns das Wasser in kleinen Bächen entgegen.

Endlich, bis auf die Haut durchnäßt, kamen wir bei unseren Zelten an. Sofort schlüpften wir hinein. Ich zog die nassen Kleider aus und wickelte mich in meinen Schlafsack. Als ich mich etwas aufgewärmt hatte, blickte ich durch ein Reißverschlußfenster zu den Moai hinaus. Stumm, mit traurigem Blick und triefenden Nasen, standen sie im Regen. Unter mir gluckste und gurgelte das Wasser, das vom Grashang herunterrieselte. Mit Schüsseln fing ich das Regenwasser auf, denn unser Trinkwasser ging zur Neige. Ich kroch in mein Zelt zurück. Den Sonnenuntergang mit den Moai konnte ich vergessen.

Am nächsten Morgen hatte sich das Wetter nicht verändert. Noch immer regnete es in Strömen. So vertrieb ich meine Zeit mit Lesen und Eintragungen in mein Tagebuch. Ab und zu schaute ich zu den Moai hinüber. Allmählich wurde es in meinem Zelt feucht und klamm. Ich fröstelte ein wenig, horchte nach draußen, aber im Nachbarzelt regte sich noch nichts. Die Zeit verfloß unendlich langsam. Endlich, gegen Mittag, hörte der Regen auf. Wir krochen aus unseren Zelten und schauten uns um. Die Erde begann unter Einfluß des trüben Sonnenlichtes zu dampfen. Die Steinköpfe waren in gespenstische Nebelschwaden gehüllt. Der noch schwache Schein der Sonne tauchte den Berg in ein gelbgrünes Licht. Es dauerte nicht lange und unsere leichten Zelte waren trocken. Schnell packten wir unsere Rucksäcke, denn bis zum frühen Nachmittag wollten wir die etwa 5 Kilometer entfernte *"Poike-Halbinsel"* erreichen. So verließen wir eilig die "Moai-Fabrik" und wanderten der Küste zu. Stumm blickten uns die steinernen Kolosse nach.

Die Poike Halbinsel

Die *"Poike Halbinsel"* liegt am östlichen Rand der Insel und wird fast von dem Vulkanberg *"Maunga Pukatiki"* der 370 Meter hoch ist, eingenommen. Hier spielte sich, nach gemeinsamen Aussagen von Insulanern und Archäologen, ein verhängnisvolles Drama ab:

Wie wir wissen, waren die Kurzohren der Arbeit überdrüssig, die ihnen von den Langohren auferlegt wurden. Deshalb führten sie eines Tages Krieg miteinander, aus dem die Kurzohren als Sieger hervorgingen. Die Legende der Ahnen schildert diese Begebenheit folgendermaßen:

Die Osterinsel wurde von Menschen mit langen, herabhängenden Ohren regiert. Sie waren intelligent und besaßen viel Macht. Von den Kurzohren, den Sklaven, ließen sie die vielen Ahus und Moai errichten. Eines Tages verlangten die Langohren von den Kurzohren, sie sollen alle Steine, die auf der Insel liegen, nehmen und in das Meer werfen. Die Kurzohren aber verweigerten diese unsinnige Arbeit. Auch wurden sie immer störrischer und leisteten die Fronarbeiten nicht mehr in gewohntem Gehorsam. Darauf beschlossen die Langohren, die Kurzohren zu vernichten. Am Abhang der Poike Halbinsel hoben sie einen langen Graben aus, der von der Südküste bis zur Nordküste reichte. Sie füllten den Graben mit Zweigen, Gras und allerlei Holz aus, denn sie wollten die Kurzohren bei lebendigem Leib verbrennen. Eine Kurzohren-Frau war mit einem Langohr verheiratet und erfuhr das schreckliche Vorhaben. In der Nacht schlich sie sich aus der Hütte und begab sich zu ihrer Sippe und berichtete vom Plan der Langohren. Diese begaben sich daraufhin eilig auf die

Halbinsel in den Hinterhalt. Die Kurzohren-Frau ging zu ihrer Hütte zurück. Am nächsten Morgen setzte sie sich vor die Hütte und tat so, als flechte sie einen Korb. In Wirklichkeit aber beobachtete sie das Geschehen um sie herum. Als sie merkte, daß die Langohren zum Kampf zogen, gab sie den Kurzohren ein verabredetes Zeichen.

Durch den Überraschungsangriff der Kurzohren verblüfft, flohen die Langohren in Richtung des Grabens, welcher bereits brannte. Von der Übermacht überwältigt, stürzten alle Langohren ins Feuer und verbrannten. Die Frauen und Kinder wurden anschließend getötet. Zwei Langohren gelang die Flucht, indem sie sich einen Weg über die Leichen, die den Graben bedeckten, suchten. Sie versteckten sich bei "Anakena" in einer Höhle. Jedoch wurden sie von den Kurzohren verfolgt. Sie stocherten mit langen Speeren in die Höhle hinein. Plötzlich erschien ein Zauberer und sprach:
"Tötet die beiden Krieger nicht, laßt sie am Leben, sie können euch nichts Böses mehr tun."
Da verschonten die Kurzohren die beiden letzten Langohren und gestatteten ihnen, im Dorf zu wohnen. Noch heute leben die Nachkommen in Hanga Roa.

Wir saßen am Fuße der Poike Halbinsel, als Isabel mir die Legende erzählte. Vor uns im Gras lag eine kleine Vertiefung, die sich nach Norden zog. Von dieser Vertiefung behaupten die Archäologen, es sei der legendäre Graben. Unwillkürlich zog ich meine Füße zurück, als wäre der Graben noch heiß.
"Komm, laß uns weitergehen, wir haben nicht mehr viel Zeit."
sagte Isabell und stand auf. Wir folgten einem

Eine hübsche Kurzohren-Frau war für den Untergang der Langohren verantwortlich.

ausgewaschenen Weg, der uns zur Nordküste führte. Bald weitete sich das Gelände und gab uns den Blick auf die Nordküste frei. Mehrere zerstörte Ahus säumten den Weg an der Uferlinie. Am späten Nachmittag erreichten wir den *"Ahu Mahatua"*.

Der Ahu Mahatua

Im Gegensatz zu allen anderen Ahus wurde der *"Ahu Mahatua"* in Form eines Schiffes (Ahu poe poe) erbaut. Dieser Ahu hatte noch keinen Moai. Einige Ahus enthalten im Innern mehrere Grabkammern, deren Anzahl von der Größe des Ahus abhängig ist. Die "Ahus poe poe" sind nur aus losen Steinen zusammengeschichtet, während die "Ahus Moai", wie wir wissen, aus exakt behauenen Steinen bestehen. Auch besitzen sie keine Rampen und Vorplätze. Diese "Begräbnis-Ahus" sind selten und man findet sie nur an der Nordküste. Nach Meinung der Archäologen entstanden sie erst nach der Entdeckung der Insel durch die Europäer.

Der Stein von Tu o Hiro

Nur einen Kilometer weiter sahen wir links neben unserem Pfad einen langgestreckten, senkrecht im Boden verkeilten Stein. Oben und an den Seiten befanden sich Löcher, wie bei einer Flöte. Der Stein ist hohl. Bläst man in die obere Öffnung hinein, erklingt ein dumpfer Ton, wie bei einem Muschelhorn. Es ist der Trompetenstein *"Tu o Hiro"*. Die Legende schreibt ihm ein starkes *"Mana"* zu. Die Kraft des Steines und der weithin hörbare Ton konnte angeblich Fische anlocken. Hier beschlossen wir, unser Quartier aufzuschlagen. Bald leuchteten unsere Zelte, nicht weit vom Trompetenstein entfernt, in der Abendsonne. Leider hatten wir nicht mehr viel zu essen, nur noch eine Packung Kekse und 3 Karotten. Diese teilten wir gerecht auf. Isabel versicherte mir, daß wir in der Bucht von Anakena neue Verpflegung bekommen könnten. Trotzdem machten wir uns aus Gewohnheit ein Lagerfeuer.

Der Ahu Te Pito Kura und **Te Pito Te Henua** (Nabel der Welt)

Mit knurrendem Magen stand ich auf, mit knurrendem Magen packte ich meine Sachen zusammen und mit knurrendem Magen machten wir uns auf den Weg. Isabel schien der Hunger nichts auszumachen. Als wir von Hanga Roa loszogen, hing meine Feldflasche fest an meiner Seite. Jetzt, nachdem ich den Gürtel immer enger schnallen mußte, hatte ich die Flasche wie ein Feigenblatt vor mir.

Von der Küstenstraße bogen wir links weg und folgten einem kleinen Trampelpfad. Nach etwa 200 Metern kamen wir an den zerstörten *"Ahu Te Pito Kura"*. Auf diesem Ahu stand früher der größte Moai, der jemals auf eine Plattform gestellt wurde. Er besaß eine Gesamthöhe von nahezu 10 Metern und gehörte zur letzten Generation, die die Werkstatt des Rano Raraku verlassen hatten. Jetzt liegt er in zwei Teile zerbrochen neben seinem Ahu.

An der Seeseite des Ahu fanden wir die selbe, exakte Steinmetzarbeit, wie bei den Ahus von Vinapu. Auch hier passen die Fugen fast nahtlos ineinander. Mit einer Länge von 2,50 Metern, einer Höhe von 1 Meter und einer Stärke von 50 Zentimetern zeigen diese Steine eine enorme Größe.

Nicht weit vom Ahu entfernt fanden wir ein kleines Naturereignis, den *"Te Pito Te Henua"*, den "Nabel der Welt". Inmitten einer Geröllhalde aus Lavasteinen liegt frei ausgespart, ein von der Natur geformter und geglätteter ovaler Stein. Sein Durchmesser beträgt etwa 90 Zentimeter. Die Insulaner glaubten früher, der Mittelpunkt der Erde zu sein und sahen in diesem Stein den Beweis. Doch diese Vorstellung hatte man nicht nur auf Rapa Nui. Viele Völker der Erde behaupteten für sich, den Mittelpunkt der Welt zu "besitzen". Dieser Glaube entwickelt sich aus dem Wunsch nach Macht und Zauberkraft. Tatsächlich aber mußten die alten Seefahrer ihre nautischen Instrumente korrigieren, wenn sie der Osterinsel nahe kamen. Eine starke, magnetische Kraft strömte von ihr aus.

Mich zog eine andere magnetische Kraft. Sie zog mich zur Bucht von *"Anakena"*. Es war die Kraft des Hungers. Isabel versprach mir, in einem Wärterhäuschen bei Anakena könnten wir uns Lebensmittel besorgen.

Die Bucht von "Anakena".

Die Bucht von Anakena

Von einer kleinen Anhöhe aus sahen wir die sanfte Bucht von *"Anakena"* liegen. Sie ist umsäumt mit exportierten Palmen aus Tahiti. Hier liegt auch der einzige Sandstrand der Insel. Fast unwirklich leuchtete uns der weiße Sand, zwischen den schwarzen Klippen entgegen. Diese Bucht ist auch die einzige Stelle auf der Insel, in die sich das Meer ruhig hineinlegt. James Cook und andere Seefahrer ankerten vor Anakena.

Thor Heyerdahl und seine Expeditionsmitglieder nutzten die ruhige See, um auf die Insel zu gelangen. Hotu Matua erreichte nach langer Irrfahrt diese Anlegemöglichkeit, um das Land mit seinen Leuten zu besiedeln. Hier standen wir nun, und hier begann die Geschichte von Rapa Nui.

Unter uns lag das Wärterhäuschen. Eine kleine Holzhütte, inmitten junger, angepflanzter Kokospalmen, die kaum einen Meter groß waren. Vom Blechkamin der Holzhütte stieg Rauch auf und zeigte uns, daß sie derzeit bewohnt war. Wir begannen mit dem Abstieg. Unsere Knie zitterten und gaben oft nach, so daß wir immer wieder auf dem feuchten Gras ausrutschten. Als wir uns der Hütte näherten, kam eine junge Frau durch die einfache Holztüre heraus.

Isabel begrüßte die Frau auf spanisch, dann redeten sie lange miteinander. Erschöpft setzte ich mich auf die kleine Holzbank vor der Hütte. Endlich drehte sich Isabel zu mir um und sagte lachend:
"Wir haben Glück, Anna-Maria hat Vorräte da und ist bereit diese zu verkaufen. Allerdings wird es nicht billig werden."
Es war mir egal. Hauptsache wir konnten uns mal wieder richtig sattessen. Wir gingen in die Hütte. Vor uns, auf einem Regal, stapelten sich die Lebensmittel. Ich kam mir wie in einem amerikanischen Supermarkt vor. Die Wärter, die die Bucht und die Ahus zu bewachen hatten, werden regelmäßig mit Essen und Trinken versorgt. Manchmal bleiben sie wochenlang in Anakena, bevor sie abgelöst werden. Heute erwartete Anna-Maria eine neue Lieferung.

Wir sahen Dosen mit Corned Beef, Chillibohnen und Gemüsesuppen. Packungen mit Nüssen und einen Kanister Weißwein vom Festland, aus Chile. Wir entschieden uns für das Corned Beef, die Gemüsesuppe, 4 Maiskolben, zwei große Kartoffeln und den Kanister Wein. Alles zusammen stopften wir in unsere Rucksäcke. Ich bezahlte eine stolze Summe, jedoch waren wir alle zufrieden.

AnnaMaria lud uns noch zu einem späten Frühstück ein. Wir aßen Sandwiches mit Ei und Huhn und tranken Coca Cola dazu. Das Essen zerging mir auf der Zunge. Ich glaubte, noch nie etwas Köstlicheres gegessen zu haben, als an diesem Vormittag. Frisch gestärkt begaben wir uns anschließend zu dem meisterhaft restauriertem *"Ahu Nau Nau"*. Diese Anlage ist ein Höhepunkt der Inselkultur.

Exakt restaurierte Steinriesen auf dem "Ahu Nau Nau" in Anakena.

Der Ahu Nau Nau

Parallel zur Küste erhebt sich der *"Ahu Nau Nau"* mit seinem traditionellen Versammlungsplatz. Die Ahu Rampe ist 45 Meter lang und 5 Meter breit. Rote Tuffsteinstufen reichen auf der Vorderseite zur Plattform hinauf. Diese Plattform ist 27 Meter lang und mit 3 Metern relativ schmal. Fünf komplette und zwei stark beschädigte Moai wenden sich auf ihrem Thron dem Inselinnern zu. Einer der Sockel steht leer. Mit einer Länge von 3 Metern und dem wuchtigen Leib werden die Statuen der "mittleren" Generation zugeordnet. Vier der Moai tragen einen roten Pukao. Der Haarknoten der linken Statue hat die Form eines Kegelstumpfes, die anderen verjüngen sich zur Mitte hin abrupt.

Hier, auf diesem Ahu sind die Details der Steinkolosse deutlich sichtbar. Die Augenhöhlen, die einstmals Einlagen aus weißen Korallen trugen, die langen Ohren, die lange Nasen und dünne, gespitzte Lippen treten deutlich zum Vorschein. Am Leib sind die Brustwarzen und der Nabel besonders gut dargestellt. Die anliegenden Arme mit den feingliedrigen Fingern umschließen die Hüfte. Die langen Daumennägel lassen darauf schließen, daß die Figur einer besseren sozialen Schicht angehören sollte. Auch die Handgelenkknöchel sind sehr gut erkennbar. Es ist wohl nicht übertrieben, die Behauptung aufzustellen, daß der *"Ahu Nau Nau"* zu den schönsten Zeremonialanlagen der Insel zählt.

Nicht sehr weit entfernt fanden wir den riesigen, fast 7 Meter hohen Moai, den Thor Heyerdahl mit etwa zwei dutzend Insulanern 1956 auf seinen Ahu stellte. Er wandelte die Theorie in die Tat um. Mit primitiven Mitteln, wie sie vor Jahrhunderten verwendet wurden, stellte er den Koloß auf sein Podest. Eine kleine Kupfertafel am Sockel des Ahus erinnert noch heute an die schwere Arbeit. Im besonderen Maße wurden "Pedro Atan", der damalige Bürgermeister und "Lazarus Hotus", die helfende Hand

Thor Heyerdahls, erwähnt. Hotus Tochter traf ich später bei Maria Hey.

Fast den ganzen Nachmittag verbrachten in der Zeremonialanlage. Dann suchten wir uns einen Zeltplatz abseits der Statuen, nicht weit vom Strand und mitten im Palmenhain. Kurz vor Sonnenuntergang kochten wir uns die Gemüsesuppe und schnitten die frischen Kartoffeln hinein. Zu dem Corned Beef aßen wir gerösteten Mais. Als die Sonne hinter den sanften Hügeln der Osterinsel unterging, setzten wir uns an den Strand und bohrten unsere Füße in den warmen, weißen Sand. Wir öffneten unseren Weißwein, den wir zuvor im Meer gekühlt hatten. Wunderbar schmeckte der "Trank der Götter" aus unseren Blechbechern.

Wir bekamen Besuch. Anna-Maria war es in ihrer Hütte langweilig geworden. Sie setzte sich neben uns in den Sand und trank mit uns den Wein. Anna-Maria erzählte uns von den wenigen Touristen, die den Weg zur Osterinsel finden, um die Statuen zu sehen und zu fotografieren. Sie rühmte sich, eine echte Osterinsulanerin zu sein., deshalb war sie manchmal gekränkt, wenn die Touristen auf die Ahus stiegen und die Statuen anfaßten.
"Vielleicht",
meinte sie,
"ärgert es mich deshalb, weil ich fühle, daß all die Leute ein Tabu verletzen."
Sie schaute auf die Statuen in der Nähe und ihr Blick schweifte über die Insel. Dann zeigte sie auf den einzeln stehenden Moai von Thor Heyerdahl.
"Mein Vater hatte damals Senor Heyerdahl geholfen, die Statue aufzustellen."

So sprachen wir über die Insel und deren Einwohner. Als dann der Mond aufging, verabschiedete sich Anna-Maria und ging zu ihrer Hütte zurück. Der Mond spiegelte sich als silbernes Licht im ruhigen Meer.
"Komm, laß uns baden gehen."
sagte Isabel plötzlich und stieß mich mit dem Ellenbogen kumpelhaft an. Schnell schlüpften wir aus unseren Kleidern und sprangen in das silberne Meer. Diskret drehten uns die Moai den Rücken zu und schauten würdevoll ins Landesinnere.

Zurück nach Hanga Roa

Die Bucht von Anakena und die Statuen vom Ahu Nau Nau waren die letzten Sehenswürdigkeiten unserer Wanderung. Sie dauerte volle 11 Tage, war sehr interessant und lehrreich zugleich. Wir traten den Rückweg über die Nordküste an. Zwei Tage später sahen wir wieder die Zeremonialanlage von Tahai und dahinter die ersten Häuser der Stadt. An der Weggabelung zur Kirche war der Zeitpunkt unserer Trennung gekommen. Wir verabschiedeten uns herzlich, mit dem Vorhaben, uns wieder bei Conny und Papiano Tepano zu treffen.

Isabel holte ihr Pferd und ritt nach Hause. Ich ging die ausgewaschene Straße entlang, die zu Maria Heys Haus führt. Müde und erschöpft, jedoch unendlich glücklich kam ich bei Maria an. Nach einer ausgiebigen Dusche und einem köstlichen Abendessen legte ich mich aufs Bett in meinem kleinen Zimmer. Draußen im Garten rauschten leise die Blätter des Bambusstrauches vor meinem Fenster. Morgen früh werden mich die Vögel wieder wecken.

Umu (Erdofen) **bei Tepano**

Es war Sonntag. Die Insulaner strömten in die Kirche auf der Anhöhe. Sie kamen zu Fuß, auf dem Rücken eines Pferdes oder mit dem Moped. Ab und zu fuhr ein Jeep vor und lud dann Kirchgänger aller Altersgruppen und Geschlechter aus. Schwatzend und lachend standen sie zunächst auf dem Vorplatz der Kirche oder auf den Stufen.

Als die Glocken vom kleinen Turm ertönten, gingen sie geschlossen in die Kirche hinein. Bald war sie zum Bersten gefüllt. Die Kirchentür konnte nicht mehr geschlossen werden, denn die Gläubigen stauten sich bis auf die Eingangsstufen. Pater Alois trat mit seinen Meßdienern hinter den Altar und begann die Messe. Bis weit in die Stadt hinunter erklangen die polynesischen Kirchenlieder. Wohlklingend und kräftig schwangen sie durch die Morgenluft. Es war still und ruhig in den Straßen an diesem schönen Sonntagmorgen in Hanga Roa geworden.

Nach der Kirche, gegen Mittag, war ich bei Conny und Papiano eingeladen. Sie wollten in ihrem Garten ein traditionelles *"umu"* Essen - wie es in Polynesien üblich ist - für die Familie und Freunde veranstalten. Bewaffnet mit zwei Kanistern Wein, begab ich mich zum Haus meiner neuen Freunde. Conny, Papiano und Isabel erwarteten mich schon im Garten. Die Wiedersehensfreude war groß und herzlich. Stolz zeigte mir Papiano seinen Garten und das Haus. Er hatte riesige Bananenstauden angepflanzt, die allerdings noch keine Früchte trugen. Hinter dem Haus lag ein Gemüsebeet mit Ananaspflanzungen. Der Rest des

Gartens wurde als Rasenfläche benutzt. Ein langer Holztisch und Stühle standen für das bevorstehende Fest bereit. Kinder aus der Nachbarschaft und Verwandschaft spielten im Gras und in den Sträuchern.

"Fangen wir gleich mit dem Umu an?"
fragte Papiano und gab mir eine Schaufel. Wir hoben ein etwa 30 Zentimeter tiefes und 1,50 Meter langes Loch aus. In der Zwischenzeit bereiteten Conny und Isabel das *"Poe"* zu. Poe ist eine Art Bananenkuchen. Sie rieben mehrere Maniok und Taro Wurzeln, fein in eine große Schüssel. Dann gaben sie Zucker und etwas Öl hinzu. Reife, zerdrückte Bananen wurden beigemengt. Das Ganze wurde zu einem Brei verrührt und in Knödelformen gebracht. Diese Kugeln wurden dann in Bananenblätter eingewickelt.

Unterdessen war unser Erdofen freigeschaufelt. Das Loch füllten wir mit trockenen Zweigen und legten Lavasteine auf diesen Scheiterhaufen. Dann zündete Papiano das Holz an, um die Lavasteine zu erhitzen. Als das Holz nach einer Weile endgültig abgebrannt war, legten wir die heißen Steine zur Seite und entfernten die Restasche.

Die Grube wurde nun mit Bananenblättern ausgekleidet. Anschließend legten wir einen Teil der heißen Steine auf die Blätter. Dann kam Isabel mit den eingewickelten Poe Päckchen und legte sie auf die Lavasteine. Jetzt bestückten wir den Erdofen mit unseren Speisen. Roher Fisch, Fleisch, Huhn und Süßkartoffeln kamen hinein. Zum Schluß deckten wir alles mit den heißen Lavasteinen und großen Bananenblättern zu. Darüber häuften wir eine dicke Sandschicht, damit die Hitze nicht entweichen konnte.

"Drei Stunden",
erklärte mir Papiano,
"müssen die Speisen mindestens garen."

In der Zwischenzeit deckten wir den Holztisch mit großen Bananenblättern ab. Allmählich trafen auch Papianos Eltern ein. Den Rest des Nachmittags verbrachten wir mit dem neuesten Klatsch der Insel. So verging die Zeit und der Abend brach herein. Der Moment war gekommen, um den Erdofen auszugraben. Vorsichtig entfernten wir den Sand. Darunter kamen nun wieder die Bananenblätter zum Vorschein. Durch die Hitze hatten sie eine braune Farbe bekommen. Mit spitzen Fingern entfernten wir die Blätter und ein herrlicher Duft kam uns entgegen. Zum Schluß wickelten wir das Poe aus, das sich durch die Hitze zu einem Kuchen verfestigt hatte. Jetzt konnte das Festessen beginnen.

Zu den Speisen tranken wir Wein oder Bier. Alle langten kräftig zu, denn es war genügend vorhanden. Es dunkelte bereits, als wir das Mahl beendeten. Später holte ein Cousin von Papiano seine Gitarre hervor und spielte einige Volksweisen aus Rapa Nui. Seine teilweisen traurigen Lieder klingen mir heute noch in den Ohren.

Po atarau
E moea iho nei
E haere ana
Koe ki pamamao.
Haere ra
Ka hoki mai ano
Ki te tau
E tangi atu nei.

Nun ist die Stunde gekommen,
um Abschied zu nehmen.
Denn du segelst bald fort,
über das weite Meer.
Und wenn du fort bist
denke bitte an mich
und wenn du zurückkommst,
warte ich auf dich.

Hollywood und die Osterinsel

Im Januar 1993 wurde Rapa Nui neu entdeckt. Hunderte von Männern und Frauen kamen auf die Insel. Sie kamen vom Wasser und aus der Luft. Aus vielen verschiedenen Ländern der Erde, aus Australien, Großbritannien, den USA, Hawaii, Neuseeland und aus der Traumfabrik Hollywood, unter ihnen Kevin Costner. Sie wollten erneut Filmgeschichte schreiben. Seit Costners riesigem Erfolg mit seinem Film: "Der mit dem Wolf tanzt", widmet er sich weiteren abenteuerlichen und ethnischen Themen. Hier auf der Osterinsel hat er eine Story ganz spezieller Art gefunden. Das Drehbuch hält sich allerdings nur teilweise an die Legenden und Überlieferungen. Es beschreibt eine Geschichte über Liebe, Macht und Kampf.

Arbeit gibt es für alle. Regisseur Kevin Reynolds braucht jeden, der einem Polynesier ähnlich sieht. So sind die Einheimischen bereit, alles stehen und liegen zu lassen, um für die Filmgesellschaft zu arbeiten. Längst hat es sich in Hanga Roa herumgesprochen, daß die Gäste drei- bis viermal soviel für Dienstleistungen bezahlen, wie ein Lehrer in Santiago im Monat verdient. Ganz Rapa Nui befindet sich in Wartestellung. Keiner will sich die Gelegenheit entgehen lassen, eine kleine Rolle im Film zu bekommen. Dafür werden sogar die Süßkartoffelfelder aufgegeben, die Schule vernachlässigt und die Avenida Policarpo Toro, die die zweite gepflasterte Straße von Hanga Roa werden soll, wird nur durch eine enorme Lohnerhöhung seitens des Ministeriums für Arbeit weitergebaut. 90 Prozent der etwa 350 Autos auf der Insel sind jetzt für das Filmteam tätig und die Polizeistation von Hanga Roa hat einen Rückgang der Kriminalität zu verzeichnen.

Kein Jugendlicher hat mehr Zeit, aus den kleinen Läden Süßigkeiten und Alkohol zu stehlen. Jeder hofft auf die große Entdeckung. So findet man in kleinen, wellblechbedeckten Hütten zwei- bis dreiseitige Drehbücher. Im Kultur Center neben der Kirche, werden von Frauen die ehemaligen Gewänder der einstmaligen Inselbewohner zurechtgeschneidert und im Museum treffen sich jeden Tag Insulanerinnen, die Muschelketten anfertigen und Federkronen kleben.

Die aufwendigste und wohl interessanteste Arbeit wird in einer Halle am Flugplatz ausgeführt. Dort arbeiten jeden Morgen etwa 20 Dorfbewohner an den riesigen Moai, die aus Glasfiber, Styropor und Leim hergestellt werden.

Tatsächlich wachsen Tag für Tag die Moai aus der Flughalle. Täuschend ähnlich, sollen sie im Film mit den "echten" Moais vermischt werden. Viele der Kunst-Statuen besitzen einen vorgefertigten Knick im Nacken, damit zur rechten Zeit in der Szene das Haupt abbricht und somit das *"Mana"* frei werden kann. Immer wieder sieht man Jeeps mit Anhängern, die die künstlichen Moai in das Inselinnere zum Drehort befördern.

Unser Wärter - mit den großen Zähnen - aus dem Orongo-Gebiet ist da etwas skeptischer. Er sitzt in seiner kleinen Hütte und denkt über dieses Spektakel nach. Oft geht er zu den drei künstlichen Moai, die an der Steilküste der Zeremonialanlage von Orongo stehen. Dann bekommt er finstere Gedanken und denkt auch an die Worte der alten Dorfbewohner. Sie finden, daß sich das Wetter, seit die Fremden über die heiligen Stätten mit ihren Stiefeln und Schuhen geschritten sind, besonders verändert hat. Es regnet in letzter Zeit unverhältnismäßig viel.

Der alte Aberglaube ist wieder erwacht. Auch unten im Dorf spricht man über die Veränderungen, die über die Insel gekommen ist. Manche haben Angst um die Kultstätten und daß sie zerstört werden könnten. Tatsache ist, daß ein Teil der importierten Palmen für eine Szene abgeschlagen werden mußten. Jedoch hält Bürgermeister Hotus solche Ängste für übertrieben.
"Rapa Nui",
so sagte er,
"hat schon schlimmere Katastrophen überlebt, als eine Filmgesellschaft, die über uns hereinbricht."

Der Kontinent "Mu"

In den zwanziger und dreißiger Jahren unseres Jahrhunderts veröffentlichte der Amerikaner James Churchward eine Reihe von Büchern über die Geschichte des untergegangenen Kontinents *"Mu"*. Auf seiner Karte umfaßt *"Mu"* einen Großteil Polynesiens, sowie Hawaii und die Osterinsel. Churchward kam zu dem Schluß, *"Mu"* sei vor rund 13000 Jahren im Meer versunken und habe lediglich die Vielzahl der Inseln hinterlassen.

Der Kontinent *"Mu"* ist in den Tiefen des Pazifiks versunken. Er brach in zwei Teile auseinander, als eine gewaltige Hebung der Anden in Südamerika und der Rocky Moutains in Nordamerika erfolgte. In diesem Kontinent waren Hawaii im Norden, Fidschi im Südosten, Tahiti im Süden und die Osterinsel im Südwesten enthalten. 64 Millionen Menschen lebten auf *"Mu"*.

Die Rasse, die auf diesem Erdteil lebte, soll eine helle oder leicht gebräunte Hautfarbe besessen haben. Sie waren von großem Wuchs und sehr intelligent. Churchward hatte für seine Theorie keinerlei Beweise. Er stützte sich lediglich auf die Behauptung, in einem Tempel in Indien einige Tontafeln gefunden zu haben, die von diesem Kontinent erzählen. Er nannte weder den Ort, noch den Tempel in Indien. Entstanden seine Berichte also aus Phantasien oder aus fundierten Schriftstücken? Sind die Osterinsulaner eine übrige Rasse eines ehemals versunkenen Kontinent?

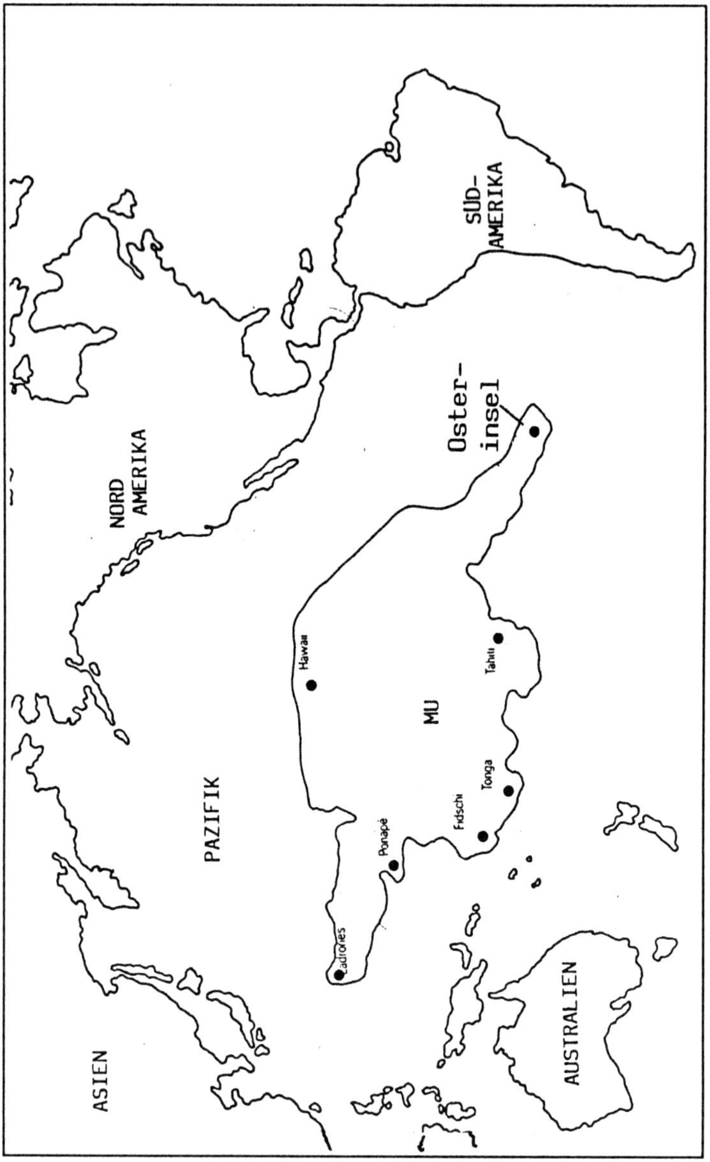

So sah der Kontinent "Mu" nach Angaben von James Churchward aus.

Die Geschichte Rapa Nuis

Vermutlich kamen die ersten Bewohner der Insel aus grauer Vorzeit. Kein Dokumente, keine Schriftstücke berichten über ihre Ankunft. Die mündlichen Überlieferungen beginnen bei der Ankunft Hotu Matuas. So ist es also kein Wunder, daß man heute noch nicht weiß, welcher Rasse man die Osterinsulaner zuordnen soll. Bei den Archäologen und Wissenschaftlern besteht keine Einigung, woher die ersten Siedler kamen. Verschiedene Orte stehen zur Auswahl: sie könnten von Südamerika gekommen sein, genausogut von den Marquesas Inseln oder aus der Gegend um Tahiti und deren Inseln.

Thor Heyerdahl gelang es 1956 auf seiner Expedition, durch Untersuchungen Spuren menschlicher Existenz ausfindig zu machen, die in das 5. Jahrhundert zurückreichen. Die Siedler begannen bereits mit der beachtlichen Steinmetzkunst. Hier nun eine detaillierte Aufgliederung der bekannten, geschichtlichen Ereignisse der Osterinsel.

Um 1100 n. Chr.

Wahrscheinlich erfolgte um 1100 n. Chr. eine zweite Besiedlung, die die Kultur und somit die künstlerischen Arbeiten der Insel beeinflußte. Hier entstanden die Moai in ihrer jetzigen Form.

Um 1350 n. Chr.

Ein polynesischer Stamm, unter Führung des Königs Hotu Matua, gelangte auf die Insel. Zunächst lebten die bisherigen Bewohner mit den Neuankömmlingen friedlich zusammen. Die Macht der Nachkommen Hotu Matuas wurde immer stärker, bis es schließlich am Ende des 17. Jahrhunderts zu einem erbitterten und tragischen Kampf am Fuße der Poike-Halbinsel kam. Die Ureinwohner wurden besiegt und fast ausgerottet. Von diesem Zeitpunkt an regierten die Nachfahren Hotu Matuas. Auch heute noch gelten sie als Ahnen der jetzigen Bevölkerung.

1722

Am sechsten April 1722 (Ostersonntag), entdeckte der Höllländer Jacob Roggeveen diese einsame Insel und nannte sie "Osterinsel". Er ankerte nur für einen Tag vor der Insel und besuchte bei einem Landgang die Bevölkerung. Roggeveen fand Menschen mit einer relativ hellen Hautfarbe vor. Die Männer trugen Bärte, die Ohren waren durch Schmucksteine langgezogen und reichten fast bis auf die Schultern. Die Menschen waren nackt und hatten an verschiedenen Körperstellen Tätowierungen. Sie traten den Seeleuten freundlich entgegen. Erstaunlicherweise waren sehr wenig Frauen zu sehen.

Als sie eine Wanderung auf der Insel machten, sahen sie die Behausungen der Einheimischen. Es waren lange, niedrige Hütten, die wie umgestürzte Boote aussahen. Das Dach bestand aus geflochtenen Blättern. Eine kleine Öffnung diente als Eingang. Das Leben spielte sich ohnehin im Freien ab. Die Nahrung bestand aus Süßkartoffeln, Bananen und fremdartigem Gemüse. Als einzige Haustiere waren Hühner zu sehen. Das Essen wurde in Erdöfen (Umu) zubereitet. An den Gestaden sahen sie enge, kleine Kanus, die zum Fischfang dienten.

Erstaunt aber waren die Seeleute über die riesigen Statuen mit ihren roten Hüten. Sie sahen, daß sich einige Insulaner vor ihnen niederknieten und mit gesenktem Haupt rythmische Bewegungen ausführten. Die Holländer bezeichneten die Insulaner im großen und ganzen als ein "munteres und friedliches Volk", das jedoch meisterhaft im Stehlen war.

1770

Don Felipe Gonzales de Haedo gelangte mit zwei Schiffen auf die Osterinsel. Sechs Tage blieb Gonzales mit zwei Priestern und einigen Soldaten auf der Osterinsel. Sie bestiegen verschiedene Hügel und sangen fromme Lieder. Zum Erstaunen der Einwohner richteten sie Holzkreuze auf und nahmen die Insel in spanischen Besitz. Sie tauften die Osterinsel um und nannten sie nach ihrem König: San-Carlos-Insel.

Wie auch schon die Holländer berichtet hatten, sah Gonzales hochgewachsene Menschen mit eher heller Hautfarbe. Viele der Männer trugen einen Bart. Er schätzte die Zahl der Inselbewohner auf etwa 3000. Weiterhin fiel ihm auf, daß sehr wenig Frauen und Kinder anwesend waren. Besonders rätselhaft erschien aber auch den Spaniern die riesigen Figuren, die an der Küste standen und in das Inselinnere blickten.

1774

Jetzt besuchte Kapitän Cook die Osterinsel. Als er und seine Mannschaft die Insel betraten, zeigten sich nur wenig Einheimische. Sie waren mürrisch, desinteressiert und zudem noch in einem erbärmlichen Zustand. Cook kam zu der Überzeugung, daß auf der Insel ein tragisches Ereignis stattgefunden haben muß. Er vermutete auch, daß sich ein Großteil der Bevölkerung in den zahlreichen Höhlen versteckt haben mußte, denn er schätzte die Einwohnerzahl auf nicht mehr als 600 Menschen.

Georg Forster, ein deutscher Forscher, reiste mit Cook. Er beschrieb einen Mann, mit brauner Hautfarbe, einem Vollbart und Ohrläppchen, die bis auf seine Schultern hinabreichten. William Hodges, der Zeichner von Kapitän Cook, porträtierte diesen Mann. Die Forscher heute kamen zu dem Schluß, daß dieser Mann ein überlebender "Langohr" war, oder ein "Kurzohr", das diese Mode übernommen hatte. Alle Einwohner sprachen einen polynesischen Dialekt. Sie waren zum größten Teil nackt und an verschiedenen Körperteilen tätowiert.

So wie Gonzales die Hütten beschrieben hatte, sah sie auch der deutsche Forscher. Im Gegensatz zu den erbärmlichen Gestalten standen die riesigen, hochmütigen Statuen. Die Insulaner beachteten die Kolosse jedoch nicht mehr, schienen aber eine große Achtung vor ihnen zu haben. Sie betraten den Anlageplatz nicht mehr. Cooks Leute entdeckten neben den riesigen Statuen noch kleine geschnitzte Menschenfiguren. Da es zu diesem Zeitpunkt bereits kein Holz mehr auf der Insel gab, vermutete Georg Forster, daß die Holzschnitzereien nicht von der Insel stammten oder sehr alt sein mußten.

1786

Nur zwölf Jahre später bot sich ein völlig neues Bild. Der französische Comte de La Perouse fand eine erholte Insel mit einer geschätzten Einwohnerzahl von 2000 Menschen vor. Männer und Frauen waren in einem ausgewogenen Verhältnis vorhanden. Die Bewohner waren freundlich und er durfte sogar in einige Höhlen blicken. Perouse bestätigte Cooks Vermutung, daß sich viele Einwohner, besonders die Frauen und Kinder, in den Höhlen versteckt hielten. Auch Perouse sah die Moai an der Küste stehen.

1862

Das Vertrauen gegenüber Fremden bereuten die Osterinsulaner sehr bald. Ende 1862 ankerten sieben peruanische Schiffe vor der Küste. Die neugierigen Bewohner paddelten mit ihren Booten den Schiffen entgegen und kletterten an Bord. Als sie aber die Schiffe wieder verlassen wollten, wurden sie von den Seeleuten aufgehalten. Sie wurden gefesselt und unter Deck gebracht.

In der Zwischenzeit ruderten etwa 80 Matrosen an Land und breiteten am Strand Geschenke aus. Als die Bewohner kamen, um die Waren zu begutachten, wurden sie überfallen, gefesselt und auf die Schiffe gebracht. Die wenigen, die sich retten konnten, flüchteten mit Frauen und Kindern in die Höhlen. Fast 1000 Bewohner wurden nach Peru verschleppt und als Sklaven verkauft. Lange konnten sie in Peru nicht überleben. In einem Jahr verstarben 900 Osterinsulaner auf den Guano-Feldern Perus. Der Bischof von Tahiti setzte sich für die restlichen 100 Sklaven ein.

Sie wurden wieder zurückgebracht, eine Pocken-Epedemie raffte jedoch schon auf der Überfahrt 85 Menschen hinweg. So erreichten nur noch 15 Leute ihre Heimat wieder. Hier konnten sie die Pocken nun auf der ganzen Insel verbreiten. Nur wenige überlebten.

1864

Der erste Missionar kam auf die Insel. Der katholische Bruder Eugène Eyraud mußte sich mit einer aggressiven und kriegerischen Bevölkerung auseinandersetzen, die auch unter ihresgleichen gewalttätig war. Eyraud mußte nach neun Monaten fliehen, nachdem er durch Diebstähle sein gesamtes Hab und Gut verloren hatte. Während seines Aufenthaltes entdeckte er die "Rongorongo-Tafeln". Keiner von den Bewohnern konnte die Schrift noch lesen. (Siehe Bericht über Bruder Eyraud).

1866

Nach zwei Jahren kehrte Eyraud mit Pater Roussel zur Osterinsel zurück und gründeten eine Missionsstation. Sie begannen mit der Christianisierung. Nachdem sie das Vertrauen der Inselbewohner zurückgewonnen hatten, baten sie diese, sie möchten ihre Höhlenwohnungen aufgeben. Der Grundstein für die Stadt "Hanga Roa" wurde gelegt. Mit der fortschreitenden Christianisierung verlangten die Missionare von den Einheimischen, sie sollten ihre Riten und Aberglauben aufgeben. Daraufhin wurden viele hölzerne Figuren verbrannt. Unter ihnen auch die Rongorongo Tafeln. Einige Bewohner retteten aber einen Teil der Schnitzereien in ihre Höhlen. Pater Eyraud verstarb 1868 auf der Insel.

1870

Aus Chile lief die Corvette "O Higgins" unter dem Kommando von I. L. Gana auf der Osterinsel ein. Gana berichtete, daß die Insulaner nackt vor den noch aufgerichteten Moai tanzten. Er war erstaunt, daß die Christianisierung so wenig Wirkung zeigte.

Noch im gleichen Jahr traf der Franzose Dutroux Bornier auf der Osterinsel ein und gründete eine Schafzucht. Er hetzte aber die Bevölkerung gegen den Pater auf, um von Schafdiebstählen abzulenken. Die Folge waren Überfälle, Eifersucht und Kämpfe. Am Ende zog sich der Pater nach Tahiti zurück. Mit ihm gingen viele Osterinsulaner und siedelten sich auf Tahiti an. Die Anzahl der zurückgebliebenen betrug etwa 100 Menschen.

1872

In diesem Jahr kam das französisches Kriegsschiff "La Flora" nach Rapa Nui. Leutnant Julien Viaud besuchte die Insel und fertigte während seiner Aufenthaltszeit viele Zeichnungen an. Nach seinen Berichten waren die Einheimischen wieder zu ihren alten Traditionen zurückgekehrt.

1877

erreichte Adolphe Pinard die Osterinsel. Der Schafzüchter Dutroux-Bornier wurde ermordet. Jetzt lebte kein einziger Europäer mehr auf der Insel. Die Bevölkerungszahl hatte sich noch nicht erhöht. Pinard zählte lediglich 111 Einwohner. Darunter nur 25 Frauen.

Ein neuer Schafzüchter kam auf die Insel. Alexander P. Salmon. Er konnte gut mit der Bevölkerung umgehen und schaffte bessere materielle Lebensbedingungen für das Inselvolk.

1882

Das Kanonenboot Hyäne, unter dem Kommando des deutschen Kapitäns Geisler, unternahm eine Forschungsreise zur Osterinsel. Nach vier Tagen berichteten seine Aufzeichnungen, daß das Heidentum vollständig die Insel in Besitz genommen hätte. Matrosen konnten einige der vielen Holzfiguren erwerben. Nach Ansicht Geislers war der Kult der kleinen Figuren noch nicht sehr alt. Er begann erst, nachdem die Aera der Moai vorbei war.

1886

Ein Amerikaner: W. J. Thomson führte weitere Untersuchungen auf der Insel durch. Er stellte fest, daß der Aberglaube der Insulaner fest in der Religion und den Geschichten verankert ist.

1888

Policarpo Toro annektierte die Insel für Chile. Bald darauf übernahm eine englische Gesellschaft erneut die Schafzucht auf der Insel. Ganz Rapa Nui wurde zu diesem Zweck eingezäunt. Man errichtete lange Steinwälle für die nun 60000 Schafe auf der Insel. Die Bevölkerung durfte Hanga Roa nicht verlassen, da man Schafdiebstähle fürchtete.

1890

V. S. Frank, ein Amerikaner, der einen Besuch auf der Insel machte, beobachtete, wie Insulaner vor dem noch letzten stehenden Moai Kannibalismus praktizierten.

1911

Die chilenische Regierung sandte eine Expedition unter der Leitung von Dr. Walter Knoche auf die Insel. Er trug eine beachtliche Sammlung kleiner Holzschnitzereien zusammen und beschrieb die Bräuche und Tradition der Steinriesen.

1914

Die Britin Katherine Routledge führte die ersten, archäologischen Untersuchungen auf Rapa Nui durch. Zwei Europäer lebten auf der Insel: ein Franzose und der damalige Leiter der englischen Schaffarm. Die Bewohner lebten in primitiven Hütten ohne Möbel. Ihr Aberglaube und die damit verbundene Religion hatte sich nicht geändert.

1934

Der französische Ethnologe Alfred Métraux und der Archäologe Henri Lavachery führten eine Expedition auf der Insel durch. Ihr Interesse galt nicht in erster Linie den Steinstatuen, sondern sie befaßten sich mit den Legenden, Überlieferungen und dem Ahnenkult. Auch sie beobachteten noch zahlreiche heidnische Bräuche.

1935

65 Jahre war kein Missionar auf der Insel. 1935 traf Pater Sebastian Englert in Hanga Roa ein. Englert erwarb das Vertrauen der Insulaner und lernte ihre Sprache. Er zählte die Moai und Haarschöpfe auf der Insel und numerierte sie mit weißer Farbe. Die Legenden und Überlieferungen der Einheimischen zeichnete er auf. 1965 starb Pater Sebastian Englert auf "seiner Insel".

1955

Der Norweger Thor Heyerdahl verbrachte mit seinen Expeditionsmitgliedern ein Jahr auf der Insel. Er entdeckte weitere Steinfiguren und Petroglyphen. Kein Moai stand mehr auf seinem Ahu. Mit Hilfe der Bevölkerung transportierte er einen 28 Tonnen schweren Moai mit den damaligen primitiven Hilfsmitteln nach Anakena und stellte ihn auf einen Ahu.

Die Inselbewohner zeigten Heyerdahl auch ihre Familienhöhlen, in denen sich Holzschnitzereien befanden. Heyerdahl bekam einige Schnitzereien als Gastgeschenk und konnte diese der übrigen Welt als Museumsstücke zur Verfügung stellen.

In dieser Zeit lebten auf Rapa Nui etwa 900 Menschen. Sie waren immer noch in Hanga Roa zusammengeschlossen. Das übrige Land wurde zur Schafzucht und als Weidefläche benutzt.

1957

versuchte der deutsche Ethnologe Thomas Barthel die Schrifttafeln (Rongorongo) zu deuten und zu entziffern. Er kam zu der Überzeugung, daß diese polynesischen Ursprungs sind und damit auch die Kultur Asiens beinhalten.

1966

Rapa Nui wird von der chilenischen Provinz Valparaiso verwaltet.

1967

Die Amerikaner bauten für ihr Spaceshuttle einen Notlandeplatz auf der Osterinsel. Dieser kann auch als Flughafen verwendet werden.

Ein erfolgreicher Missionar

Die Osterinsel

Dem Bruder Eugène Eyraud.
Der vom Maschinenarbeiter
zum Arbeiter Gottes wurde
und so die Eroberung für
Jesus Christus vollbrachte.

Auf dem Friedhof, nahe Hanga Roa befindet sich eine Steinplatte mit dieser Inschrift. Am 2. Januar 1864 kam Eugène Eyraud mit einem Zweimaster auf die Osterinsel. Damals lag das religiöse System und die Kultur zerstört am Boden. Die wenigen Sklaven, die Peru verlassen konnten und auf Rapa Nui zurückkehrten, verbreiteten die tödliche Pockenkrankheit unter den übrigen Bewohnern. Die Zukunftsaussichten der Insulaner waren mehr als hoffnungslos. Eugène Eyraud kam also zur richtigen Zeit auf die Insel.

Das Leben Eyrauds verlief sehr abenteuerlich. Als er erwachsen war, emigrierte er nach Argentinien, um das Geld für ein Studium seines Bruders aufbringen zu können. Er kam aus einer religiösen Familie und sein Bruder sollte in den geistlichen Stand aufgenommen werden. Zunächst arbeitete er als Maschinenbauer, dann in verschiedenen anderen Berufen, bis er nach Chile kam. Dort arbeitete er sehr fleißig zum Wohlergehen seiner Familie. Durch den regelmäßigen brieflichen Kontakt mit seiner Familie erfuhr er, daß sein Bruder die Tätigkeit eines Missionars in China ausübte. Diese Berufung faszinierte ihn so stark, daß er seinem Bruder nachreisen und ihm hilfreich zur Seite stehen wollte. Eines Tages aber traf er zwei Priester, mit denen er in ein Gespräch über Missionarstätigkeiten geriet. Sie erkannten seine Begeisterung für diese Aufgabe und versprachen ihm, eine Möglichkeit zu schaffen, an der Verbreitung des Christentums mitzuwirken, auch wenn er bislang nicht die Weihen erhalten hatte. Eyraud trat daraufhin als Novize in ein chilenisches Kloster ein. 1863 verließ er mit anderen Missionaren Chile, um das Evangelium auf der Osterinsel zu verbreiten. Zuerst landeten sie auf Tahiti. Dort erfuhren sie vom Schicksal der Osterinsulaner und den schlimmen Krankheiten, die die Insel beherrschten. Die Missionare erschraken über diese Nachricht und sahen ihr Unternehmen als gescheitert an.

Doch Eugène Eyraud ließ sich nicht entmutigen. Er schlug den Missionaren vor, als einziger auf die Insel zu gehen, um den restlichen Überlebenden die Religion zu übermitteln. Sollte die Gefahr weitgehend gebannt sein, könnten sie immer noch nachkommen. Dieser Vorschlag traf auf allgemeine Zustimmung. So reiste also Eyraud mit einem kleinen Zweimaster von Tahiti ab und erreichte am 2. Januar 1864 die Bucht vor Hanga Roa. Eyraud hatte auch einen Osterinsulaner bei sich, der früher als Sklave in den peruanischen Feldern gearbeitet hatte. Er hörte auf den Namen Pana. Pana sollte als Kundschafter zuerst auf die Insel gehen. Er setzte sich in ein kleines Ruderboot und begab sich nach Hanga Roa.

Doch nach wenigen Stunden kam er aufgeregt zurückgerudert und berichtete Eyraud mit schreckensgeweiteten Augen:
Niemals gehe er auf die Insel zurück. Die Insulaner sähen schrecklich aus und sind in Wildheit verfallen.

Als er an Land kam, sprangen die Insulaner ihm mit lautem Geheul entgegen und bedrohten ihn mit Speeren und Keulen. Fast alle sahen durch die Pocken entsetzlich entstellt aus.
"Wir laufen alle in Gefahr von dieser tödlichen Krankheit angesteckt zu werden",
berichtete er weiter. Durch diese Worte von Pana brach eine allgemeine Diskussion an Bord des Zweimasters aus, die damit endete, daß man sofort und ohne Verzögerung nach Tahiti umkehren wolle. Nur Eyraud war dagegen. Er bestand darauf, auf die Insel gebracht zu werden. Er beschloß, zu Fuß nach Anakena zu gehen, sobald er auf der Insel war. Dort sollte auch der Zweimaster anlegen und mit einem weiteren Ruderboot sein gesamtes Hab und Gut an den Strand bringen.

Als Eyraud seinen Fuß an das Ufer von Hanga Roa setzte, umringte ihn sofort eine Horde Einheimischer. Im Nu hatten sie ihm seinen Hut und seine Jacke gestohlen. Immer wieder versuchte er sich aus der Menschenmenge zu befreien, doch jedesmal wurde er zurückgezerrt. Schließlich konnte er sich doch lösen und seinen Fußmarsch in Richtung Anakene unternehmen. Diese Wanderung war sehr beschwerlich, denn unzählige Lavasteine, vom Gras bedeckt, säumten den Weg. In Anakena angekommen, sah er den Zweimaster mehrmals auf- und abkreuzen, ohne daß dieser jedoch vor Anker ginge. Kein Ruderboot kam an den Strand. Eyraud war der Verzweiflung nahe, als das Schiff plötzlich abdrehte und hinter den Hügeln verschwand.

Am selben Abend bekam er von einem Einheimischen die Nachricht, daß seine Sachen in der Bucht von Hanga Roa an Land gebracht worden waren. Er mußte also zurück, über die Lavasteinfelder, um den Dieben in Hanga Roa keine weitere Möglichkeit zu bieten, ihn um seine Besitztümer zu erleichtern. Als er das Dorf erreichte, sah er auf dem Kopf eines Einheimischen seinen eigenen Hut. Noch am selben Abend richtete er seine zerlegbare Hütte auf und verstaute darin sein restliches Hab und Gut.

Von seinen Briefen, die er zahlreich schrieb, erfuhr man weiterhin, wie es ihm auf der Osterinsel erging. Für die Eingeborenen war Eyraud ein Clown, ein lustiger Geselle aus einer fremden Welt und deshalb ließen sie ihn bis auf weiteres gewähren. Neugierig folgten sie all seinen Bewegungen und machten sich lustig über ihn. Eyraud verstand es aber, diese Neugierde der Bewohner für sich zu nutzen. Stetig war er von Menschenmengen umgeben. Hier hatte er Zuhörer gefunden, um seine Relegion verbreiten zu können. Manchmal klopften die Leute an seine Hütte, um ihn herauszulocken. Ließ er sich nicht blicken, warfen sie mit Steinen auf sein Haus, bis er vor die Türe trat. Er mußte nun seine Geschichten erzählen, ob er Lust hatte oder nicht. Wenn sie genug von ihm hatten, verschwanden sie einfach.

Erfreulich für Eyraud war, daß sie auch mit ihm zusammen beteten, oder gewisse Abschnitte aus dem Katechismus im Chor nachsagten. Wahrscheinlich kam den Schülern diese Art des Lernens sehr entgegen. Erinnert doch das Aufsagen im Chor an den Sprechgesang der Rongorongo-Sänger. Durch diese angenehme Bereicherung auf der Insel schenkten sie Eyraud bald mehr Vertrauen. Es dauerte nicht lange, so brachte er einem Teil der Bevölkerung das Buchstabieren, ja sogar das Lesen bei. Ein Großteil lernte seine Gebete auswendig. Dies bemerkte Eyraud mit wachsender Zufriedenheit. Das Leben auf der Osterinsel wäre für ihn also erträglich geworden, wenn nicht ein Häuptling auf der Insel nach seinen Besitztümern getrachtet hätte.

Eines Tages ergab sich folgendes:
Ein anderer Häuptling, von der entgegengesetzten Seite der Insel, schenkte Eyraud ein Huhn. Als er das Geschenk annehmen wollte, kam ein Mann von starkem Wuchs auf ihn zu und nahm ihm das Huhn aus der Hand. Es war Torometi, eben dieser besagte Häuptling, der ihm seine Besitztümer nehmen wollte. Im Laufe der Monate eignete er sich immer mehr Gegenstände Eyrauds an. Dabei wurde er immer unverschämter. Dafür aber bot er dem Missionar seinen Schutz an.

Eugène Eyraud meinte:
"Nicht nur die reine Gier trieb diesen Mann zu Diebstählen, sondern auch die Macht, über mich verfügen zu können."
In unregelmäßigen Abständen wurde er von nun an besucht. Stück für Stück ging in den Besitz des Häuptlings über. Bald verschwand Eyrauds Axt, dann seine Glocke mit der er seinen Unterricht am Strand zu eröffnen pflegte.

Tauchte Torometi auf, versteckte sich Eyraud in seiner Hütte. Dies hatte jedoch wenig Sinn. Torometi setzte sich vor die Hütte und wartete. Nach einer Weile schlug er mit den Fäusten gegen die Tür oder versuchte diese mit seinem Körpergewicht einzudrücken. Eyraud blieb nichts anderes übrig als seine Tür zu öffnen und den Häuptling einzulassen. Daraufhin bediente sich Torometi ungeniert an den Habseligkeiten des Missionars.

Eines Tages machte Eyraud eine Wanderung auf der Insel. Kaum hatte er Hanga Roa verlassen, eilte ein Junge auf ihn zu und sagte ihm, daß gerade sein Haus ausgeraubt würde. Als er zurückeilte traf er Torometi mit seiner Familie an, die alle Hände vollgepackt hatten und sein Eigentum verschleppen wollten. Als Antwort für diese Tat erhielt Eyraud, er bekomme die Sachen, wenn er sie unbedingt benötige, jeder Zeit von ihm und seiner Familie ausgeliehen.

In den nächsten Tagen wurde sein Gemüsegarten geplündert und sein mühsam angesammeltes Feuerholz entwendet. Immer wieder mußte er gewalttätige Einbrüche über sich ergehen lassen. Bald besaß Eyraud nichts mehr. Er beschloß daraufhin die Insel zu verlassen. Als sich diese Nachricht auf der Insel verbreitete, gab es geteilte Meinungen. Viele gaben die Schuld Torometi. Es entstand ein heftiger Streit um den Missionar, dem aber der schlaue Torometi zuvorkam.

Er und drei weitere Krieger lauerten Eyraud auf und warfen ihn zu Boden. Dann packten sie ihn und schleiften ihn aus Hanga Roa hinaus, bis Eyraud versprach, freiwillig mit dem Häuptling mitzugehen. Dieses Vorgehen erzürnte die Anhängerschar des Missionars. Eines Tages schlichen sie sich zu Torometis Hütte und zündeten sie an. Anschließend nahmen sie Eyraud mit sich nach Hanga Roa. Dort erging es ihm aber nicht viel besser. Aufgebracht und voller Zorn über die Ereignisse und Demütigungen des Häuptling Torometi, ließen sie ihre Wut an dem Missionar aus. Sie stießen ihn in der Menschenmenge hin und her. Dabei wurde ihm Hut, Jacke, Hemd und Hose entwendet. Es dauerte nicht lange, da stand er völlig nackt vor den Inselbewohnern. Dann taf ihn ein Stein am Kopf und er fiel zu Boden. Man ließ ihn liegen und die Menge löste sich auf.

Noch am selben Tag floh er in eine Höhle nahe bei *"Vai Hu"*. Trotz seiner Nacktheit setzte er in den nächsten Tagen den Unterricht für seine Anhänger fort. Eines Tages ankerte ein Zweimaster vor der Osterinsel und Eyraud begab sich an das Ufer, nur notdürftig in Lumpen gewickelt, um die Neuankömmlinge zu begrüßen. Es waren zwei Geistliche aus Chile an Bord, die sich nach Eyraud erkundigen wollten. Die Eingeborenen sprangen in das Wasser und schwammen dem Schiff entgegen. Mit einem Ruderboot kamen die Geistlichen schließlich an Land und sahen mitten in einer aufgeregten Menschenmenge einen bärtigen, nur mit Lumpen bekleideten, weißen Mann stehen. Da nahm Torometi Eyraud auf seine breiten Schultern und trug ihn zu den Geistlichen hinüber. Als Eyraud im Boot saß, ruderten sie sofort zum Schiff zurück. Am gleichen Tag lichtete der Zweimaster seinen Anker und nahm Kurs auf Chile.

Bruder Eyraud konnte aber die Osterinsel nicht vergessen. Eineinhalb Jahre später kam er und ein weiterer Missionar, (Bruder Hippolyte Roussel) erneut auf die Insel. Sie begaben sich wieder nach Hanga Roa und bauten diesmal eine Hütte aus Wellblech, um vor den Übergriffen der Eingeborenen besser geschützt zu sein. Kaum hatten sie ihre Besitztümer in der Hütte verstaut, wurden sie von den Eingeborenen belagert. Bald warfen diese Steine gegen das Wellblech. Der tosende Lärm, der durch den Steinhagel entstand, ließ die Einwohner in ein Siegesgeheul ausbrechen. Bruder Eyraud und Roussel verschanzten sich in ihrer Hütte. Fast zwei Monate dauerte die Belagerung, dann mußten sie ihre Hütte verlassen. Aber ihnen geschah nichts, als sie ins Freie traten. Die Einheimischen hatten nur ihren Spaß mit den Missionaren. Trotz argwöhnischer und mißtrauischer Blicke konnten sie sich von nun an frei auf der Insel bewegen. Allerdings konnte nur einer die Hütte verlassen, denn die Insulaner warteten nur auf eine Gelegenheit, um sie auszuplündern.

Trotz dieser Umstände arbeiteten Eyraud und Roussel an ihrer Aufgabe weiter und verkündeten unbeirrt das Christentum. Langsam gewöhnten sich die Einheimischen an die beiden harmlosen Fremden. Die Insulaner fanden Gefallen an den religiösen Geschichten und Liedern. Sie ließen die beiden Missionare gewähren, als sie mit dem Bau einer Kirche auf der Anhöhe des Dorfes begannen. Nach Fertigstellung der Kirche wurde sie jeden Sonntag zahlreich besucht. Jetzt war der Zeitpunkt der Taufe gekommen. Zu hunderten kamen die Osterinsulaner vor den Altar der Kirche und ließen sich taufen.

Als am 14. August 1868 Eugène Eyraud auf seinem Sterbebett lag, fragte er Roussel:
"Sind alle getauft?"
Und dieser antwortete ihm:
"Ja, alle!"
Dann schlief Bruder Eyraud für immer ein und legte sich auf seiner "geliebten Insel" zur letzten Ruhe.

Kleine Kultobjekte aus Holz

Kleine Figuren hatte eine starke religiöse Bedeutung auf der Osterinsel. Je nach Beschaffenheit der Figur wurde ihr Macht, Heilung oder magische Fähigkeiten zugesprochen. Sie hatten die Aufgabe, Haus und Hof, sowie die Person selbst zu schützen. In der heutigen Zeit stellen die Einheimischen nur noch Figuren für die Touristen her. Jedoch stehen sie in Ausarbeitung und Qualität den Originalen in nichts nach.

Moai kavakava

ist die am häufigsten geschnitzte Figur auf der Osterinsel. Sie diente zur Abwehr der bösen Geister und wurde meist in den Hütten aufgestellt. Die Figur zeigt einen ausgemergelten Mann, der in gebückter Haltung dasteht. Der Kopf ist zu groß für den übrigen Körper. Die Nase ist schmal und stark gekrümmt.

Über den ovalen Augen mit Muscheleinsatz als Iris wölben sich dicke Augenbrauen. Die Rippen treten stark über dem eingefallenen Magen hervor. Die Beine sind sehr kurz dargestellt. Das Gesäß wurde meist rund angedeutet. Diese Figuren wurden nicht größer als 50 bis 60 Zentimeter angefertigt.

Den **moai kavakava** findet man auf keiner Insel Polynesiens, obwohl einzelne Segmente bei anderen Schnitzereien Micronesiens erkennbar sind.

Moai papa (pa`a pa`a)

Diese Figur trat im 17. Jahrhundert der Osterinsel auf. Sie zeigt eine flache, weibliche Darstellung (flach=papa). Der Kopf besitzt im Gegensatz zum **Moai kavakava** seine natürliche Größe. Wahrscheinlich soll der **Moai papa** eine alte Frau darstellen. Der Kopf ist mit Reliefs, die Schmuck darstellen sollen, versehen. Auch die Augen mit den Muschelstücken stimmen mit der Figur des **Moai kavakava** überein. Lediglich die Ohrläppchen sind nicht so langgezogen. Große, aber flache Brüste ragen aus der Holzfigur nur andeutungsweise hervor. Die Beine sind kurz und sehr kräftig. Der Bauchnabel ist nur wenig, dafür die Vulva genau ausgebildet. Diese Figuren waren 50 bis 60 Zentimeter hoch, aber nicht mehr als 3 Zentimeter dick.

Moai tangata

Nur wenige Holzfiguren sind noch erhalten. Sie stimmen in der Regel mit dem **Moai kavakava** überein, jedoch ist der Körper nicht ausgemergelt dargestellt. Vielmehr sind der Bauch und die Gliedmaßen rund und wohlgenährt.

Moai tangata manu

Für diese Figur diente wohl die Legende des Vogelmenschen und der Makemake-Kult als Vorlage. Der Vogelkopf wurde detailgetreu den Petroglyphen im Orongo-Gebiet nachempfunden. Der Schnabel ist stark gekrümmt und reckt sich steil in die Höhe. Die Augen sind kreisrund mit wulstigen Augenbrauen darüber. Danach folgt ein schlanker, menschlicher Körper. Die Arme sind als Flügel ausgebildet mit Federn als Finger.

Moko

Diese Figur wurde aus einem gekrümmten Toromiro Holz hergestellt. Das Schnitzwerk zeigt eine Art Echse, die die Beine neben dem Körper angezogen hält. Wie der Name schon sagt, bedeutet **Moko** im polynesischen "Reptil". Bei vielen dieser Figuren sieht man die Ohren eines Säugetieres. Der dreieckige Kopf besitzt eine menschliche Nase, die Hinterbeine enden als menschliche Füße und liegen nahe beieinander. Der Rücken hat die Form eines sägeartigen Kammes und der Leib endet in einem kräftigen Schwanz. Die Länge der Schnitzerei beträgt zwischen 30 bis 40 Zentimeter, bei einem Durchmesser von etwa 4 Zentimeter.

Rei miro

Einige Schnitzarbeiten wurden auch als Schmuck bei Zeremonien oder anderen Bräuchen verwendet. Bei dem oben genannten Schnitzwerk handelt es sich um einen Brustschmuck. Er besteht aus einem flachen Brett und ist wie eine Mondsichel geformt. Die links und rechts aufwärts gerichteten Spitzen enden als Menschenköpfe. Die Gesichter sind mit schweren Augenbrauen versehen und haben ein adlerhaftes Profil. Das Kinn endet in einem Spitzbart, der einwärts gebogen ist. Am jeweiligen

Kopfende findet man Löcher, um eine Schnur einzufädeln. Die Länge beträgt zwischen 20 und 50 Zentimeter bei einer Dicke um die 3 Zentimeter.

Tahonga

Dieser Anhänger gleicht einer eiförmigen Kugel. Der Durchmesser beträgt 8 bis 10 Zentimeter. An den jeweiligen Polen der Kugel ist ein Loch gebohrt, um eine Schnur durchziehen zu können. Auf der Kugel sind Reliefs eingeschnitzt. Vogelköpfe mit langen, aufgerichteten Schnäbeln oder menschliche Doppelköpfe, die in entgegengesetzter Richtung blicken. Die Kugel ist aber nicht gleichmäßig geformt. Sie erinnert durch ihre Einschnitte an eine Orange, die man schält. Dieses Amulett galt als weiblicher Schmuck. Man vermutet, daß es sich dabei um ein Fruchtbarkeitssymbol handelt.

Ua und **paoa**

Hier handelt es sich um Stäbe oder Keulen. Man kann sie auch als Zepter bezeichnen. Die Länge erreicht etwa 1 Meter. Der Knauf der Stäbe ist kunstvoll geschnitzt. Meist weist er einen menschlichen Kopf mit flacher Nase, vorspringenden Tränensäcken und wulstigen Lippen auf. Kinn oder ein Bart fehlen, da der untere Teil des Kopfes gleich in den Stab übergeht. Während das **ua** meist als Zeremonialstab verwendet wurde, diente das **paoa** als Kampfwaffe.

Ao und **rapa**

Das **Rapa** war ein großes Doppelpaddel, das während einer Zeremonie herumgewirbelt wurde. Es erreichte eine Länge über 2 Meter bei einer Blattbreite von 20 Zentimeter. Ein Blatt wurde auf beiden Seiten mit einem gemalten Gesicht und einer Federkrone versehen. Diese Blattseite wurde bei der Zeremonie nach oben gehalten.

Das **Ao** ist wesentlich kleiner und gleicht dem **Rapa** im wesentlichen, nur ist kein Gesicht aufgemalt. Das Paddel ist nicht größer als 60 bis 70 Zentimeter.

Rongorongo Tafeln

Schließlich dürfen die geheimnisvollen **Rongorongo Tafeln**, deren Schriftzeichen man bis heute noch nicht entziffern konnte, nicht fehlen. Auf Seite 54 habe ich ein Kapitel diesen Tafeln gewidmet.

Kultobjekte aus Stein

Neben vielen Holzfiguren schufen die Insulaner auch kleinere Steinfiguren. Diese Steinfiguren bildeten Menschenköpfe, Hundeköpfe, Fische, Reptilien Totenschädel und weitere, der Phantasie oder dem Glauben entsprungene Darstellungen ab. Die Figuren wurden meist in Familienhöhlen gebracht und dort aufbewahrt. Das Geheimnis des Aufbewahrungsortes kannte nur das Familenoberhaupt und gab dieses Wissen nur an seine Kinder weiter. So häuften sich die Steinskulpturen von Generation zu Generation immer mehr in den Höhlen an. Während der Stammeskriege im 18. Jahrhundert wurden viele Steinskulpturen in die Höhlen gebracht. Starb ein Familienoberhaupt beim Kampf, nahm er das Geheimnis der Familienhöhle mit in sein Grab. 1956 konnte Thor Heyerdahl das Vertrauen der Bevölkerung gewinnen und manche zeigten ihm die verborgenen Schätze im porösen Erdreich der Osterinsel.

Die Familienhöhlen

Viele Höhlen gibt es auf der Osterinsel. Manche Eingänge kann man noch auf der Grasoberfläche entdecken, doch die meisten sind im Laufe der Zeit in Vergessenheit geraten. Den genauen Grund für die Existenz und Benutzung als Familienhöhlen hat man bis heute noch nicht deuten können. Haben die Höhlen eine uralte Tradition und wurden sie seit der Besiedlung der Insel als Kultstättem benutzt? Oder entstand die Verwendung dadurch, daß sich die Bevölkerung vor den Seefahrern, die seit dem 17. Jahrhundert immer wieder auf die Insel kamen, verstecken mußten und auch ihre Schätze in die Höhlen verstauten, um sie vor den Fremden in Sicherheit zu bringen? Auch hier ist die Antwort noch nicht bekannt.

Sicher ist: Wenn genügend Steinfiguren und Schnitzereien in den Höhlen lagen, wurden diese mit einem *"tabu"* belegt. Nur ein Familienmitglied durfte die Höhle betreten. Manche waren eng wie Rattenlöcher und man mußte sich, die Arme weit über den Kopf gestreckt, förmlich hineinschlängeln, bis man endlich in das dunkle Gewölbe rutschte. Andere wanden sich wie ein waagrechter Kanal, leicht abwärts geneigt in die nachtschwarze Tiefe. Die meisten Höhlen waren so niedrig, daß man kaum darin stehen konnte.

Einige Höhlen waren mit dem Unrat der vorhergehenden Generationen bedeckt. Der Boden allerdings war mit Erde aufgefüllt. Viele Höhlen sind im Laufe der Zeit in Vergessenheit geraten. Krankheiten, Not und Elend löschten die Erinnerungen an die Familienhöhlen fast gänzlich aus. Die wenigen, die auf der Insel bekannt sind, wurden schon längst ausgeräumt. Dennoch glauben viele der Bewohner, daß noch verborgene Familienschätze unter der Erde liegen und an die Existenz der geheimnisvollen Schrifttafeln.

Papiano zeigte mir viele dieser Gasblasen. Mit vier Taschenlampen und einer Fackel ausgerüstet, erkundeten wir einige Höhlen.
"Rongorongo Tafeln hat hier seit Thor Heyerdahl keiner mehr gefunden,"
erklärte mir Papiano im Schein der Taschenlampe, als wir im Innern einer badezimmergroßen Höhle standen.
"Diese Tafeln sind heute ein Vermögen wert. Alle Museen der Welt zusammen besitzen nur ein Dutzend dieser Holztafeln."
Papiano leuchtete mit seiner Taschenlampe auf dem lehmigen Boden herum. An vielen Stellen war die Erde ausgehöhlt. Hier hatten schon viele vor uns gegraben. Papiano zog aus einem Häufchen Lehm einige Menschenknochen heraus.
"Hier haben sie sich gegenseitig aufgefressen,"
meinte er lakonisch und leuchtete die Knochen an.
"Menschenfleisch wurde auf der Insel nicht nur bei Zeremonien verzehrt. Die besiegten Feinde schmeckten besonders gut."

Papiano lachte und zeigte eine Reihe blitzender, weißer Zähne. Dabei erinnerte ich mich, daß sich Papiano rühmt, ein waschechter Osterinsulaner zu sein. Papiano fuhr fort:
"Als die ersten Europäer auf die Osterinsel kamen, wurden alle Figuren in diese Familienhöhlen gebracht. Und als die

Sklavenhändler kamen, versteckten sich die Frauen mit ihren Kindern selbst in den Höhlen."
Tatsächlich sah ich an den Höhlenwänden schwer erkennbare Malereien. An manchen Stellen waren kleine Nischen, die entweder als Sitzgelegenheit oder Ofen dienten.

Die weiteren Höhlen, die wir aufsuchten, boten das gleiche Bild. Ausgrabungen und Unrat auf dem Höhlenboden, Knochenreste, die von Tieren oder Menschen abstammten, lagen verstreut im feuchten Lehm.
"Manchmal...,"
sagte Papiano,
"... kommen noch alte Leute aus dem Dorf hierher, wenn sie sich nach der Vergangenheit zurücksehnen, oder sie etwas bedrückt. Die Alten leben noch **mit** und manchmal **in** ihren Höhlen. Die Vergangenheit holt sie dann ein. Die Heiligtümer und das Tabu übt ihre Macht auf sie aus."

Rapa Nui heute

Insgesamt vier Monate lebte ich auf Rapa Nui. An manchen Tagen bin ich mit einem Jeep zu den Zeremonialanlagen gefahren. Immer noch entdeckte ich Kleinigkeiten, die ich beim ersten oder zweiten Besuch übersehen hatte. Weitere Informationen holte ich mir aus dem spärlich bestückten Insel-Museum, nahe bei Hanga Roa. Ich freundete mich mit Pater Alois an und die Inselbewohner kannten mich schon, wenn ich die Straßen von Hanga Roa entlangging. Bei Maria Hey und ihrem Mann fühlte ich mich wohl. Sie versorgte mich mit einem abwechslungsreichem Essen und ich war bei fast allen Familientreffen eingeladen. Regelmäßig besuchte ich Conny und Papiano Tepano und Isabel. Bald fühlte ich mich wie zuhause auf der Insel.

An manchen Tagen bin ich oft mit dem Jeep über die Insel gefahren.

Oft saß ich im großen Garten vor meinem Zimmer unter einem Baum und machte Eintragungen in mein Tagebuch. Oder ich ging zu der nahegelegenen Zeremonialanlage "Tahai" und dachte über die Zukunft der Osterinsulaner nach.

Die Osterinsulaner fühlen sich, wie schon gesagt, als Polynesier. Die Beziehungen zu Tahiti sind im Augenblick etwas angespannt. Nachkommen von Osterinsulanern, die auf Tahiti in den Plantagen gearbeitet hatten und mit Land entlohnt wurden, möchten es zurückhaben. Derzeit steht auf ihren Grundstücken der Flughafen von Papeete und ein Luxushotel. Trotz der Ärgernisse mit dem verlorenen Land bleibt für viele Osterinsulaner Tahiti das Paradies. Viele würden sofort dorthin auswandern. Sie erhoffen sich unter der französischen Regierung mehr Arbeitsmöglichkeiten, als auf ihrer Insel oder gar in Chile. Sprachlich würde es keine Probleme geben. Leider ist es sehr schwierig, ein Visum zu erlangen.

Schon längst ist Makemake nicht mehr ihr Gott. Die neuen Götter heißen Suzuki, Honda oder Yamaha. Seit die Pascuenser kreditwürdig geworden sind, verfünffachte sich die Zahl der Zweiräder in einem Jahr. Ihr Nachholbedarf ist so stark, daß sogar die Motorräder per Flugzeug eintreffen.

Der Bestand an Autos wächst etwas langsamer. 1993 waren es um die 70. Nahezu die Hälfte dient zur Beförderung der Touristen. Das Straßennetz ist in einem "natürlichen" Zustand: Es gibt keine Straßen auf Rapa Nui. Jeder Wolkenbruch verwandelt die Pfade in undurchdringliche Flüsse. Der Vorteil liegt auf der Hand: es gibt auch keine Verkehrszeichen und Ampeln.

Der Lokalsender von Rapa Nui sendet täglich eingeflogene Videokassetten vom Festland, aus Santiago. Am Samstagabend ist nach Mitternacht Sendeschluß. Dann geht die Jugend in eine der beiden Discos und anschließend, mit rot geränderten Augen, am Sonntagmorgen in die Kirche. Die Insulaner legen viel Wert darauf, daß sie in der Kirche gesehen werden.

Fremde, die sich aus freien Stücken auf der Osterinsel niederlassen, sind gerne gesehen. Damit können sie der Inzucht vorbeugen. Derzeit leben etwa 20 Ausländer auf der Insel. Es sind vorwiegend Amerikaner und Deutsche. Sie werden als Kulturbringer betrachtet. Nein, die niedergelassenen Fremden sind den Alten kein Anlaß, über Sittenverfall und Überfremdung zu sprechen. Eher das Fernsehen, das die alten Überlieferungen tötet, eher die chilenische Besatzungsmacht, die von ihrem Kontinent den Konsumrausch mitbrachte.

Die Zahl der Chilenen, die auf der Insel stationiert sind, erfüllt die Alten mit Unbehagen. Es sind etwa 500. Und Sorgen machen auch die Touristen. Der Flughafen brachte den Inselbewohnern ein Hotel. Der vorgefertigte Bau wurde aus den USA eingeflogen. Die Flugzeuge bringen die Touristen, immer mehr.

Manche haben es so eilig, daß sie die Insel in einem Schnelldurchgang betrachten, während das Flugzeug aufgetankt wird. Andere, die im staatlichen Hotel von Hanga Roa kein Zimmer finden, werden in privaten Pensionen untergebracht. Touristen treiben, ohne daß sie es wollen, die Preise hoch, und lassen nicht soviel auf der Insel zurück, daß alle Einheimischen davon Leben können. Die Einheimischen sind da einer Meinung:

"Wir brauchen noch mehr Touristen. Oder gar keine."

Rapa Nui und die Zukunft

Nach einer langen Pause erinnerten sich die archäologischen Wissenschaftler wieder an Rapa Nui. Sie errichteten 1993 eine Ausgrabungsstätte in Tongariki. Dieses Projekt ist das größte und wichtigste Vorhaben. Die Reste an der Küste fielen 1960 einem Seebeben zum Opfer. Eine etwa 100 Meter lange Plattform mit 15 Moai wurde meterweit von der Flutwelle hinweggeschleudert. Die Archäologen graben Stein für Stein, Moai für Moai wieder aus und setzen sie zusammen. Selbst die kleinsten Bruchstücke werden aufbewahrt und fein säuberlich numeriert, damit das wohl eindruckvollste Monument Polynesiens rekonstruiert werden kann.

Straße von der Kirche zur Küste in "Hanga Roa".

Vielleicht wird es noch eine Weile dauern, vielleicht noch Jahre, möglicherweise sogar noch einige Jahrzehnte, aber es wird eine Zeit kommen, in der es Orte wie diesen nicht mehr gibt. Weil alles entdeckt, jeder Platz erforscht und jeder Quadratmeter dieser Insel kartografiert wird. Die vielen Geheimnise und Fragen um die Insel werden abnehmen. Dann wird alles beantwortet sein und die Vögel werden aufhören mit den Menschen zu sprechen.

Tips von A - Z

Anreise

Die chilenische Fluggesellschaft "LanChile" besitzt das Flugmonopol zur Osterinsel. Sie fliegt zweimal wöchentlich von Santiago de Chile nach Papeete auf Tahiti und zurück. Die Flugzeiten ändern sich ständig, deshalb sollte man direkt bei LanChile nachfragen. Derzeit kostet ein Flug von Santiago de Chile zur Osterinsel und wieder zurück 850 US Dollar.

LanChile Deutschland
Hahntrapp 2
22267 Hamburg
Tel. 040 / 37 80 01

Apotheken und Ärzte

Es gibt ein Krankenhaus in Hanga Roa. Hier kann man sich medizinisch sowie auch zahnmedizinisch behandeln lassen. Als Apotheke dient ein Lebensmittelgeschäft in der Avenida Policarpo Toro.

Banken

Eine Zweigstelle der BANCO DEL ESTADO DE CHILE befindet sich in Hanga Roa.

Hotels

Hotel Hanga Roa
Avenida Pont
Tel. 299

Hotel Hotu Matua
Avenida Pont
Tel. 242

Hotel Victoria
Avenida Pont
Tel. 250

Kaufläden

Einen gut sortierten Laden gibt es nahe dem Flughafen, in der "Camino Hotu Matua." Weitere Läden und auch Restaurants findet man in der "Avenida Policarpo Toro". (Ein Souvenirladen wird am Ende der Avenida Policarpo von einer Kanadierin unterhalten). Vor der Kirche rechts findet man einen Kaufladen mit freundlicher Bedienung.

Stromversorgung

220 Volt Wechselstrom, 50 Hertz. Eurostecker ist möglich.

Inselerkundungen

Besichtigungsfahrten werden vom Hotel aus vermittelt. Ansonsten bieten sich Privatpersonen der Pensionen an. Preise nach Vereinbarung.

Kirche

Hanga Roa besitzt eine katholische Kirche. Die Messe beginnt am Sonntag um 9 Uhr. Meist ist die Kirche voll besetzt. Für den Europäer sehr lohnenswert, wegen der polynesischen Lieder. Die Kirche ist mit sehr schönen Schnitzereien ausgestattet.

Mietautos, Mopeds, Pferde

Autos können auch für nur wenige Stunden gemietet werden. Aufgrund der schlechten Straßenverhältnisse ist ein Jeep mit Vierradantrieb angebracht. Autos und Mopeds kann man an der einzigen Tankstelle, in der Nähe vom Flughafen, mieten. Das Hotel verleiht ebenso PKWs. Maria Hey besitzt einen Jeep, den sie auch stundenweise vermietet. Auf der Insel herrscht Rechtsverkehr. Internationaler Führerschein ist erforderlich.

Auskunft über Pferdevermietung gibt es im Hotel. Auch die Kauf- und Souvenierläden geben gerne Auskunft, welche Familie Pferde verleiht.

Museum

Das neue Museum, etwas außerhalb von Hanga Roa, nahe bei der Zeremonialanlage von "Tahai", wurde 1988 eröffnet. Leider sind die meisten Sehnswürdigkeiten, die Rapa Nui bieten konnte, in Museen der Welt verstreut. Das einheimische "Museo Antropologico R. P. Sebastian Englert" ist leider nur spärlich bestückt.

Pensionen (Privat)

Werden am Flughafen vermittelt, oder fragen sie nach MARIA HEY.

Postamt

In der "Avenido Pito Te Henua" liegt etwas abseits die Post. Sie ist Montags - Freitags von 9 - 13 Uhr und von 14.30 - 17.00 Uhr geöffnet. Neuerdings besitzt die Post auch ein Fax-Gerät.

Reisen

Reisen kann man von den Osterinsel aus nicht unternehmen. Jede Zvilisation ist über 3500 Kilometer weit entfernt.

Reiseandenken

Alle Nachbildungen der Osterinselkultur, bis hin zu verkleinerten Moai, kann man in Hanga Roa finden. Die Künstler stellen in einer Halle, die neben der Kirche errichtet wurde, ihre Kunstgegenstände aus. (Mercado Municipale). Besonders sehenswert sind die Muschelketten. Handeln und Tausch mit europäischen Gegenständen ist möglich.

Sprache

Die Sprache der Einheimischen ist ein polynesischer Dialekt. Verblüffend ist, daß die Maori in Neuseeland diesen Dialekt verstehen, die benachbarte Insel Tahiti aber nicht. Es wird aber auch reines Polynesisch gesprochen. Die Amtssprache ist Spanisch. Englisch ist wenig verbreitet.

Trinkgeld

Zwar gibt es Festpreise in den Kaufläden, Hotels und Restaurant, jedoch wird Trinkgeld immer und überall gerne gesehen. 10 bis 20% sind angemessen.

Währung

Chilenische Peso in der Aufteilung zu 100 Centavo.

Zeitunterschied

Mitteleuropäische Zeit minus sieben Stunden.

Zoll

Ausfuhrzollbestimmungen gibt es auf Rapa Nui nicht. Evtl. Einfuhrbestimmungen nach Deutschland beachten.

Kleines Wörterbuch

Ahu = Plattform, Altar.
Aku Aku = Schutzgeist oder böser Geist.
Ana = Höhle.
Ariki = König oder Häuptling.

Eepe = groß, stark, kräftig.
Epe = Ohrläppchen.

Hanau = Rasse.
Hanau Eepe = Langohren
Hanau Momoko = Kurzohren
Hanga = Bucht, Küste
Hotu Matua = König aus der Ferne
Hukka Hukka = Brennholz, gutes Holz.

Iti = Klein

Makemake = Schöpfer der Menschheit, Gott.
Mana = Macht, psychische Macht, Einfluß.
Manu = Vogelwesen
Maunga = Berg, auf der Osterinsel Vulkanberg.
Moa = Riese.
Moai = Statue, Riesenfigur.
Motu = Insel

Neru = Jungfaru
Nui = groß

Poe = Kuchen, Brei.

Pukao = Haarschopf, Zylinder, Haarknoten.

Rano = Krater
Rongorongo = Schrift, Zeichen.

Tabu = Verbot, heilig gesprochen, unantastbar.
Tiki = Gott der Polynesier (Neuseeland).

Umu = Erdofen

RAPA NUI - Die Osterinsel auf Video (VHS)

Entdecken Sie die Osterinsel.

Ein dokumentarisches Reisevideo von Friedrich Hellmich zeigt Ihnen die Osterinsel, wie Sie wirklich ist. Faszinierende Aufnahmen von der wilden Landschaft, den steinernen Kolossen und vielen weiteren Sehenswürdigkeiten vermitteln Ihnen einen überwältigenden Eindruck von Rapa Nui.

VHS-Video ca. 30 Min. DM 59,00

Sie erhalten das Video bei Ihrer Buchhandlung oder können es direkt bestellen bei:

Verlag Gabriele Lechner
Bodenseestr. 91
81243 München
Tel. 089/8340591
Fax. 089/8204355